*„Einzig die Richtung hat einen Sinn. Es kommt darauf an, dass du auf etwas zugehst, nicht, dass du ankommst."*

*Antoine de Saint-Exupéry*
*(französischer Schriftsteller, 1900–1944)*

# GELEITWORT UND SEGEN

Liebe Pilgerinnen und Pilger, liebe Leserinnen und Leser!

Die „Via Sancti Martini", der Martinusweg, wurde im Jahr 2005 vom Europarat als europäischer Kulturweg anerkannt. Eine Route dieses Weges, der den Geburtsort des Heiligen, Szombathely in Ungarn, mit seiner Bischofsstadt Tours in Frankreich verbindet, führt durch Deutschland und durch unsere Bistümer Speyer und Mainz. Seit mehreren Jahren gibt es erfreulicherweise zahlreiche Bemühungen, diesen Teil der „Via Sancti Martini" bekannt zu machen und zu erschließen. Dazu sind vor kurzem die Wegstrecken durch unsere Bistümer endgültig festgelegt worden.

Wirklich lebendig und zu einem echten Pilgerweg wird die „Via Sancti Martini" jedoch durch Menschen wie Sie, die auf diesem Weg unterwegs sind. Wer pilgert, unterbricht den Alltag, bricht auf und setzt sich der Erfahrung des Unterwegsseins aus, vielleicht auch des Suchens nach dem Weg. Wer pilgert, ist meist langsamer unterwegs als gewohnt und schafft sich Zeit und Raum zum Nachdenken, für tiefere Begegnungen und für das Gebet. Und wer auf den Spuren des heiligen Martin pilgert, ist eingeladen, den Blick auf diesen Heiligen zu richten und sich durch sein Lebenszeugnis Anregungen für das eigene Leben und den eigenen Glauben geben zu lassen.

Der Martinusweg durch unsere Bistümer führt zu vielen Stätten, die mit dem heiligen Martin verbunden sind. Darunter sind bekannte Orte wie die Stadt Worms – dort hat der römische Soldat Martin seine Waffen abgegeben, um dann einen ganz anderen Weg einzuschlagen – oder der Dom in Mainz, eine

der bedeutendsten Martinskirchen überhaupt. Es sind aber auch weniger bekannte Orte und Kirchen, die an den heiligen Martin und an die Verehrung erinnern, die diesem Heiligen durch die Jahrhunderte zuteilgeworden ist, etwa die ihm geweihte Pfarrkirche in St. Martin oder die evangelische Martinskirche in Grünstadt, beide entlang der Deutschen Weinstraße.

Wir freuen uns, dass Sie jetzt diesen Pilgerführer ins Gepäck nehmen können, um sich den verschiedenen Martinsorten anzunähern. Wir wünschen diesem gelungenen Buch, dass es Ihnen helfen möge, Ihren Blick auf den heiligen Martin zu lenken. Vielleicht entdecken Sie auf Ihrem Pilgerweg neue, weniger vertraute Züge dieses Heiligen, die Sie besonders ansprechen.

Für Sie, die Pilgerinnen und Pilger auf dem Martinusweg, erbitten wir Gottes Segen: Der Herr möge Sie auf Ihrem Weg begleiten, Ihnen Freude schenken an der Begegnung mit Menschen, an der Natur und an den historischen, kulturellen und geistlichen Schätzen unserer Region. Ihr Weg auf den Spuren des heiligen Martin möge Ihnen helfen, Ihrem eigenen Lebens- und Glaubensweg tiefer auf die Spur zu kommen. Mögen Sie gestärkt im Leben und im Glauben von Ihrem Pilgerweg wieder nach Hause zurückkehren.

Dr. Karl-Heinz Wiesemann
Bischof von Speyer

Dr. Peter Kohlgraf
Bischof von Mainz

# *Auf dem Martinusweg – den „Weg teilen"*

Liebe Pilgerinnen und Pilger,

kaum ein Heiliger ist so bekannt wie der heilige Martin und die Geschichte, wie er mit einem frierenden Bettler seinen Mantel teilt und diesen so vor dem Erfrieren bewahrt. Jedes Jahr im November erinnern in vielen Städten und Dörfern Kinder bei Laternenumzügen und mit Martinsspielen an genau diese Geschichte.

Im Jahr 2005 wurde der Pilgerweg „Via Sancti Martini" zu Ehren des Heiligen vom Europarat in die Liste der europäischen Kulturwege aufgenommen. Der Weg verbindet den Geburtsort des heiligen Martin in Szombathely in Ungarn mit Tours in Frankreich, wo er Bischof war und begraben ist. Seit 2016 führt eine dieser europäischen Pilgerrouten auch durch Deutschland. Die ersten Etappen entstanden in Baden-Württemberg in der Diözese Rottenburg-Stuttgart. Der nun vorliegende Pilgerführer für Rheinland-Pfalz mit den Diözesen Speyer und Mainz beschreibt den Weg ab der Grenze zu Baden-Württemberg bis zum Übergang in die Diözese Trier.

Der Martinusweg in Deutschland hat sich zum Ziel gesetzt, das Gedenken an einen der wichtigsten Heiligen zu bewahren. Der Pilgerweg verbindet neben Orten, an denen Martin zu Lebzeiten war, wie Worms und Trier, auch viele Kirchen, die dem Heiligen geweiht sind und seinen Namen tragen.

Pilgerinnen und Pilger auf dem Martinusweg sind eingeladen, den Weg – ihren Pilgerweg zu teilen: Indem sie gemeinsam mit anderen gehen, indem

sie im Gebet und in Gedanken Menschen auf ihrem Weg mitnehmen, die selber nicht gehen können, und indem sie ganz konkret TEILEN.

Der Journalist und Autor Heribert Prantl schreibt: „Wie viel Mantel braucht der Mensch? Einen halben? Einen ganzen? Genügt auch ein Handtuch? Genügt ein Topflappen? Der Mensch braucht zumindest so viel Mantel, dass er nicht friert, dass er Mensch sein kann. Das ist die Botschaft des Sankt-Martins-Tags."

Als Pilger braucht man nicht viel. Vielleicht ist gerade das die Chance des Martinusweges und anderer Pilgerwege. Pilgernde finden hier Zeit und Raum, sich ganz auf das Wesentliche und Gott zu konzentrieren. So wie es auch der heilige Martin oft getan hat, wenn er sich in die Einsamkeit zurückgezogen hat, um ganz bei und mit Gott zu sein.

Ich wünsche Ihnen viel Freude mit diesem neuen Pilgerführer und viele gute Erfahrungen des Weg-, Zeit- und Glauben-Teilens auf dem Martinusweg durch die Diözesen Speyer und Mainz.

Gott möge Ihren Weg segnen!

Achim Wicker

Geschäftsführer der St. Martinus-Gemeinschaft e.V:

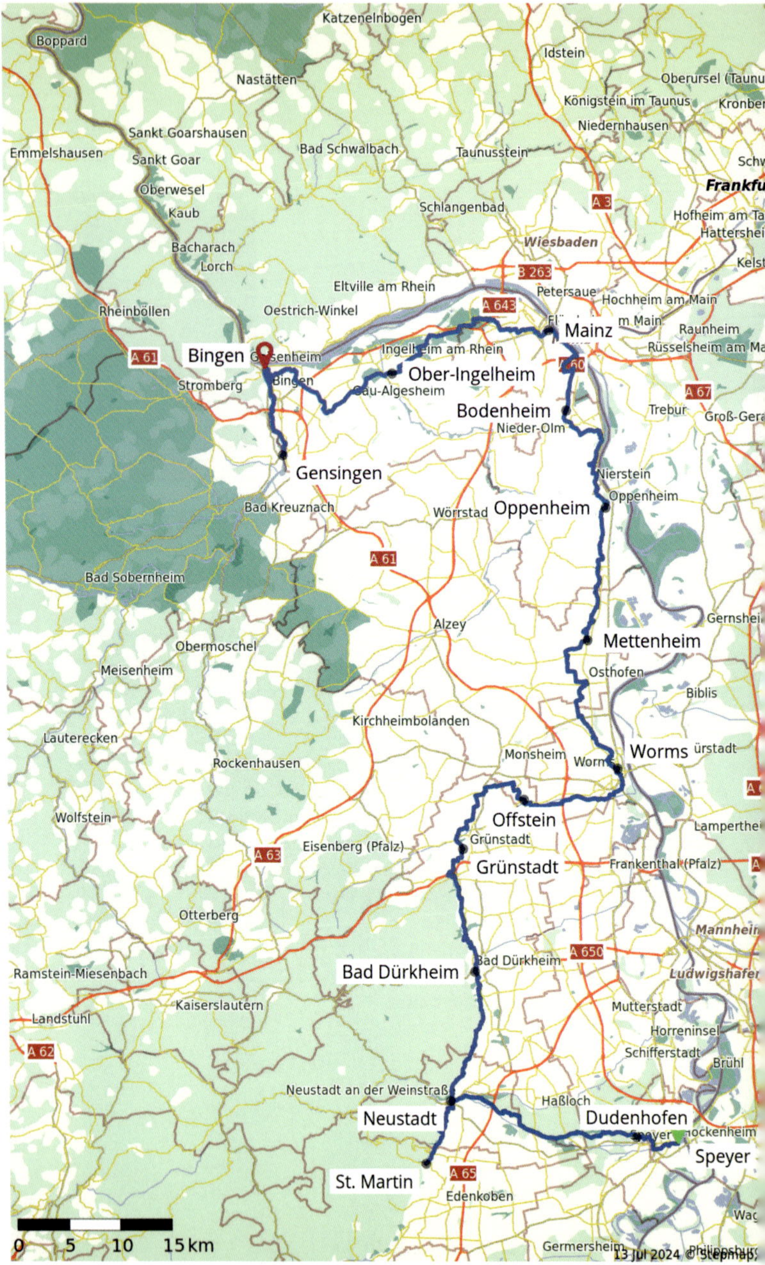
Katzenelnbogen
Boppard
Idstein
Nastätten
Oberursel (Taunus
Königstein im Taunus
Kronber
Niedernhausen
Sankt Goarshausen
Emmelshausen
Bad Schwalbach
Taunusstein
Sankt Goar
Oberwesel
Kaub
Frankfu
A 3
Schlangenbad
Hofheim am Ta
Hattershei
Wiesbaden
Bacharach
Lorch
B 263
Kelst
Eltville am Rhein
Petersaue
Hochheim am Main
Rheinböllen
Oestrich-Winkel
A 643
m Main
Raunheim
Mainz
A 61
Bingen
Rüsselsheim am Ma
Ingelheim am Rhein
A 60
Ober-Ingelheim
Stromberg
Bingen
Gau-Algesheim
A 67
Bodenheim
Trebur
Nieder-Olm
Groß-Gera
Gensingen
Nierstein
Oppenheim
Bad Kreuznach
Wörrstad
Oppenheim
A 61
Bad Sobernheim
Alzey
Gernshei
Obermoschel
Mettenheim
Meisenheim
Osthofen
Biblis
Kirchheimbolanden
Lauterecken
Monsheim
Worms
ürstadt
Rockenhausen
Offstein
Wolfstein
Lamperthei
Grünstadt
Eisenberg (Pfalz)
A 63
Grünstadt
Frankenthal (Pfalz)
Otterberg
Mannhei
A 650
Bad Dürkheim
Bad Dürkheim
Ramstein-Miesenbach
Ludwigshafen
Kaiserslautern
Mutterstadt
Landstuhl
Horreninsel
A 62
Schifferstadt
Brühl
Neustadt an der Weinstraß
Haßloch
Neustadt
Dudenhofen
Speyer
Hockenheim
Speyer
St. Martin
A 65
Edenkoben
0 5 10 15 km
Germersheim
13 Jul 2024 © Stepmap,

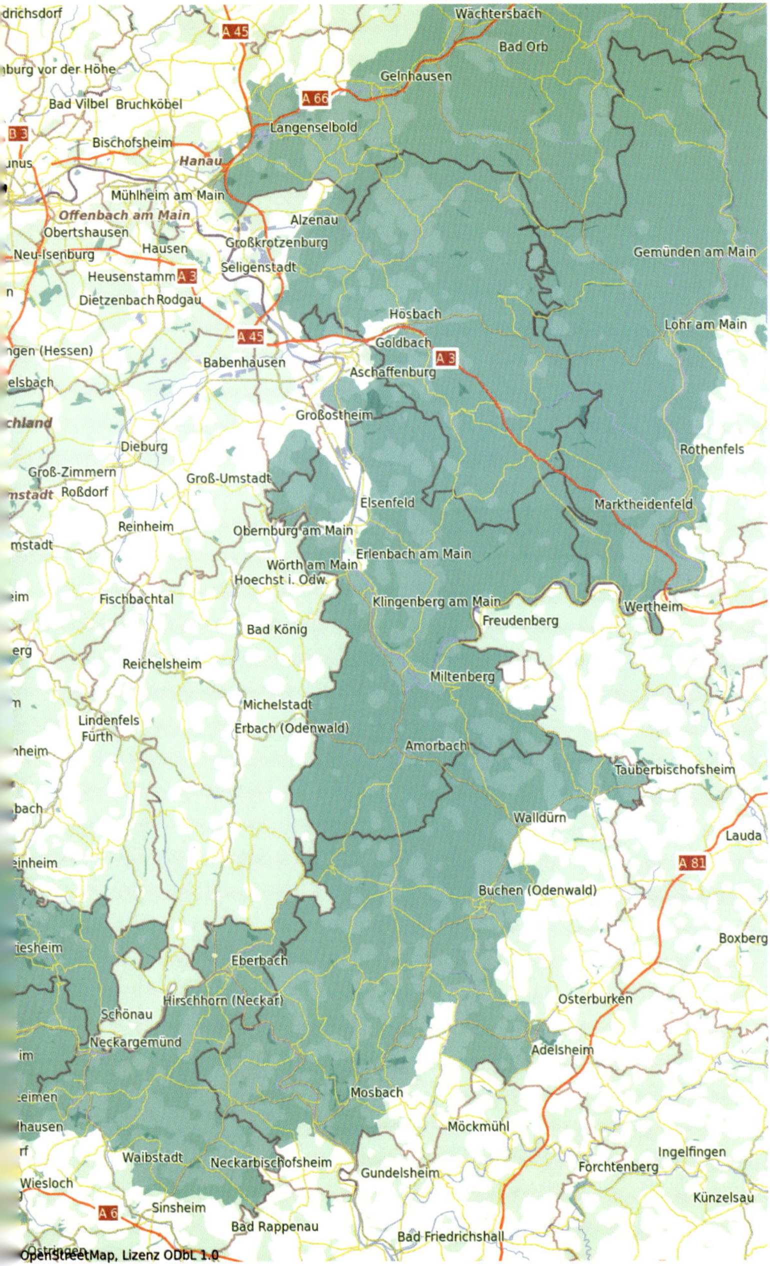

Wächtersbach
Bad Orb
A 45
Gelnhausen
A 66
Bad Vilbel
Bruchköbel
Langenselbold
Bischofsheim
Hanau
Mühlheim am Main
Offenbach am Main
Obertshausen
Alzenau
Großkrotzenburg
Hausen
Seligenstadt
Gemünden am Main
Heusenstamm
A 3
Dietzenbach
Rodgau
Hösbach
Lohr am Main
A 45
Goldbach
A 3
Babenhausen
Aschaffenburg
Großostheim
Rothenfels
Dieburg
Groß-Zimmern
Groß-Umstadt
Roßdorf
Elsenfeld
Marktheidenfeld
Reinheim
Obernburg am Main
Erlenbach am Main
Wörth am Main
Hoechst i. Odw.
Fischbachtal
Klingenberg am Main
Wertheim
Freudenberg
Bad König
Reichelsheim
Miltenberg
Michelstadt
Lindenfels
Erbach (Odenwald)
Fürth
Amorbach
Tauberbischofsheim
Walldürn
Lauda
A 81
Buchen (Odenwald)
Boxberg
Eberbach
Hirschhorn (Neckar)
Osterburken
Schönau
Neckargemünd
Adelsheim
Mosbach
Möckmühl
Ingelfingen
Waibstadt
Neckarbischofsheim
Gundelsheim
Forchtenberg
Wiesloch
Künzelsau
A 6
Sinsheim
Bad Rappenau
Bad Friedrichshall
OpenStreetMap, Lizenz ODbL 1.0

Martinsmosaik, Stiftskirche St. Martin in Worms

# DER MARTINUSWEG

Die „Via Sancti Martini" ist ein dem heiligen Martin gewidmeter Pilger- und Kulturweg, der seine Geburtsstätte, das heutige ungarische Szombathely, mit dem französischen Tours verbindet, dem Ort, an dem er als Bischof gewirkt hat und begraben ist. Wie auch andere Pilgerwege besteht der Martinusweg aus mehreren Routen. Die Südroute verläuft von Szombathely über Slowenien, Kroatien, Italien und Frankreich bis nach Tours und orientiert sich an den Wirkungsstätten des heiligen Martin in Südeuropa. Die Mittelroute führt die Pilgernden von Szombathely durch Österreich, Deutschland, Luxemburg, Belgien und Frankreich nach Tours. Auf diesem Weg werden sowohl Kirchen und Einrichtungen verbunden, die unter dem Patronat des heiligen Martinus stehen, wie auch Orte, an denen der Heilige zu Lebzeiten zugegen war. Eine Nordroute über Erfurt und Utrecht ist angedacht.

In Deutschland führt ein Hauptweg, verbunden mit mehreren Regionalwegen, durch Bayern und Baden-Württemberg bis nach Waghäusel am Rhein. Von dort über die Rheinbrücke oder mit der Rheinfähre nach Rheinland-Pfalz kommend, beginnt in Speyer die Teilstrecke des Martinusweges, den dieser Pilgerführer begleitet. Ihr Ziel ist die Basilika St. Martin in Bingen. Nach Überquerung der Nahe bei Gensingen verläuft die Mittelroute anschließend durch die Diözese Trier bis weiter an die Landesgrenze, wo der luxemburgische Martinusweg „Märteswee" weiterführt.

Die in diesem Pilgerführer beschriebene Strecke von Speyer bis Bingen ist ein Weg voller Inspiration und Historie. Lassen Sie sich auf dem gesamten Weg vom heiligen Martin und seinem Lebensweg begleiten und beflügeln,

besuchen Sie die Kirchen und Kapellen, die seinen Namen tragen, sowie vieles andere Sehenswerte am Wegesrand. Ein besonderes Erlebnis sind dabei die jüdischen SchUM-Stätten in direkter Nachbarschaft zu den drei rheinischen Kaiserdomen in Speyer, Worms und Mainz. Dazwischen genießen Sie die vielen wundervollen Ausblicke auf die Rheinebene, den Rhein und die Hänge des gegenüberliegenden Odenwalds und des Rheingaus.

Einige Fakten zum Martinusweg:

Das gesamte Wegstreckennetz der „Via Sancti Martini" umfasst 2.500 Kilometer.

In Teilstücken ist der Pilgerweg ausgeschildert. Durch die Entstehungsgeschichte bedingt, gibt es derzeit zwei verschiedene Wegschilder in unterschiedlichen Abschnitten, die sich aber ähneln und gut erkennbar sind (siehe oben rechts).

Alle Etappen der Mittelroute mit einer Übersichtskarte, Übernachtungsmöglichkeiten und Sehenswürdigkeiten sind auf der Homepage www.martinuswege.eu dargestellt. Zudem sind die Etappen auch auf www.outdooractive.com und www.komoot.com zu finden.

Der Martinusweg möchte mehr sein als ein traditioneller Pilgerweg: Man soll nicht nur auf den Spuren des Heiligen wandern, sondern auch in seinem Sinne teilen. Entlang der Route gibt es sogenannte „Orte des Teilens", wie beispielsweise die Wärmestube für Obdachlose in Augsburg – hier sind die Pilgernden eingeladen, Gespräche und Zeit mit den Obdachlosen zu teilen.

Person und Legenden:

Geboren wurde der Sohn eines römischen Tribuns um 316/317 in Savaria, der Hauptstadt der römischen Provinz Pannonien, im heutigen Szombathely in Ungarn. Auf Wunsch seines Vaters trat Martin mit ca. 15 Jahren in die Armee ein. Er ließ sich taufen und verließ um 356 die Armee bei Worms (siehe Seite 77) und lebte zunächst als Eremit. 372 wurde Martin Bischof von Tours an der Loire. Im Jahr 375 gründete er das Kloster Marmoutier, das ein bedeutendes religiöses Zentrum wurde. Er starb 397 in Tours und wurde dort am 11. November beigesetzt.

Martin war bekannt für sein strenges, asketisches Leben, seinen Gerechtigkeitssinn, seine Fürsorge für die Nöte der Armen und als Wundertäter. Er ist Schutzpatron der Reisenden, der Armen und Bettler. Bis in die heutige Zeit gilt er als Vorbild und Symbol für Nächstenliebe.

Einer Legende nach ritt der Soldat Martin an einem kalten Wintertag vor den Stadttoren von Amiens an einem frierenden Bettler vorbei. Da der Mann ihm leid tat, teilte Martin mit seinem Schwert seinen warmen Mantel und schenkte die eine Hälfte seines Mantels dem Bettler.

Eine der Legenden zu den Martinsgänsen besagt: Als der Bischof von Tours starb, wünschten sich die Menschen dort Martin als Nachfolger. Sie lockten ihn mit einer List in die Stadt. Er versteckte sich in einem Stall, aber die Gänse schlugen Alarm und verrieten ihn mit ihrem Geschnatter in seinem Versteck.

# DANKSAGUNG

Wir möchten uns herzlich für die wunderbare Zusammenarbeit an diesem Pilgerführer bedanken.

Allen voran gilt unser besonderer Dank dem Team aus dem Bistum Mainz: Dr. Barbara Nichtweiß und Gabriela Hart aus der Abteilung Publikationen sowie Dr. Bernhard Deister, Leiter des Instituts für Spiritualität. Ihr Vertrauen, die bereichernde Zusammenarbeit, die persönliche Einsatzbereitschaft vor Ort und die kompetente Unterstützung mit Bild- und Textbeiträgen entlang der Wegstrecke im Bistum Mainz waren von unschätzbarem Wert. Es war uns eine große Freude!

Ein herzliches Dankeschön gilt auch Achim Wicker, Geschäftsführer der Martinusgesellschaft, für die umfassende Begleitung, Unterstützung und Initiierung dieses Buchprojekts. Ohne Ihre grundsätzliche Hilfe wäre dieses Projekt nicht möglich gewesen.

Wir danken der Agentur Schöneres Wandern, Dr. Ulrike Poller und Dr. Wolfgang Todt, für die professionelle Gutachtenerstellung zur Wegfindung durch die beiden Bistümer.

Besonderer Dank geht an Regens Franz Vogelgesang und an Marianne Backenstraß, Pilgerstellenbeauftragte im Bistum Speyer, für die intensive Vorarbeit und die vertrauensvolle Zusammenarbeit. Ihre Unterstützung war ein fundamentaler Bestandteil dieses Projekts.

Unseren herzlichsten Dank an alle, die mitgewirkt haben! Ihre Beiträge und Ihr Engagement haben diesen Pilgerführer zu etwas ganz Besonderem gemacht.

Marco Fraleoni und Anja Eisfeld

für das Team des Pilgerverlags

# INHALTSVERZEICHNIS

**ETAPPE 1:**
VON SPEYER
NACH DUDENHOFEN ........ 20

**ETAPPE 2:**
VON DUDENHOFEN
NACH NEUSTADT AN DER WEINSTRASSE ........ 28

**ETAPPE 3:**
VON NEUSTADT AN DER WEINSTRASSE
NACH SANKT MARTIN ........ 34

**ETAPPE 4:**
VON NEUSTADT AN DER WEINSTRASSE
NACH BAD DÜRKHEIM ........ 40

**ETAPPE 5:**
VON BAD DÜRKHEIM
NACH GRÜNSTADT ........ 50

**ETAPPE 6:**
VON GRÜNSTADT
NACH OFFSTEIN ........ 62

**ETAPPE 7:**
VON OFFSTEIN
NACH WORMS ........ 70

**ETAPPE 8:**
VON WORMS
NACH METTENHEIM ........ 80

**ETAPPE 9:**
VON METTENHEIM
NACH OPPENHEIM ........ 90

ETAPPE 10:
VON OPPENHEIM
NACH BODENHEIM ........ 100

ETAPPE 11:
VON BODENHEIM
NACH MAINZ ........ 110

ETAPPE 12:
VON MAINZ
NACH OBER-INGELHEIM ........ 120

ETAPPE 13:
VON OBER-INGELHEIM
NACH BINGEN ........ 134

FLUSSWECHSEL
ÜBERGANG
INS BISTUM TRIER ........ 150

GESAMTKARTE ........ 6

DER MARTINUSWEG ........ 8

DANKSAGUNG ........ 12

EINLEITUNG ........ 16

ÜBER DIE AUTORIN ........ 154

SCHUM-STÄTTEN, SPEYER, WORMS, MAINZ ........ 156

ORTSINDEX ........ 170

IMPRESSUM/BILDQUELLENVERZEICHNIS ........ 172

# EINLEITUNG

Liebe Pilgerinnen und liebe Pilger,

nachfolgend möchten wir Ihnen einen kleinen Einblick und Überblick zu den Besonderheiten dieses Weges und zum Aufbau dieses Pilgerführers geben.

## Vor dem Start

Der Martinusweg führt in den Bistümern Speyer und Mainz zum Teil durch Weinanbauregionen, in denen es nur wenige schattige Plätze gibt. Daher empfehlen wir vor allem dort eine Kopfbedeckung, ausreichenden Sonnenschutz sowie genug Flüssigkeit zum Trinken mitzunehmen.

Die rosa Einfärbung auf den Karten bezeichnet auch Flächen, auf denen Obst- und Gemüseanbau betrieben wird – entlang unserer Route sind so also die Weinanbaugebiete markiert, durch die wir uns hauptsächlich bewegen.

## Wege und Markierung

Der Martinusweg von Speyer bis nach Bingen ist nicht mit einer eigenen Markierung ausgeschildert. Größtenteils orientiert er sich an vorhandenen (Fern-) Wanderwegen, wie dem Pfälzer Weinsteig oder dem Rheinterrassenweg. Mit der detaillierten Wegbeschreibung werden Sie sicher zu Ihrem Ziel gelangen. Eine (digitale) Landkarte und die GPS-Tracks zur Hand zu haben, kann Sie bei der Streckenplanung und Orientierung zusätzlich unterstützen. Soweit Sie markierten Wanderwegen folgen können, weist die Wegbeschreibung darauf hin.

## Etappen / Wegabschnitte

Die gesamte Wegstrecke ist in 13 Etappen eingeteilt, ergänzt um die Überleitung in das Bistum Trier. Sie finden an jedem Kapitelbeginn Informationen zur Länge, zu Auf- und Abstiegen in Metern und zur durchschnittlich benötigten Gehzeit. Diese ist berechnet nach der vom Deutschen Wanderverband und den Alpenvereinen angenommenen Durchschnittsgeschwindigkeit von vier Kilometern pro Stunde im ebenen Gelände.

Bei der Einteilung der Etappen haben wir uns an Weglängen orientiert, die an einem Tag leistbar sind und an Orten enden, wo es Übernachtungsmöglichkeiten und/oder einen Anschluss an den öffentlichen Nahverkehr gibt.

Zu Beginn jeder Etappe finden Sie unsere „Perlenkette“, die die gesamte Anzahl der Wegabschnitte dieser Route zeigt, mit den bereits zurückgelegten und den noch vor Ihnen liegenden Kilometern. An markanten Stellen helfen Kilometer-Angaben am Textrand einzuschätzen, wie viel des Weges Sie auf der Etappe schon zurückgelegt haben.

Übrigens: Die hier vorgenommene Wegeinteilung ist ein Vorschlag. Sie können sich die jeweiligen Tagesetappen selbstverständlich auch individuell zusammenstellen und an jeder beliebigen Stelle beginnen und beenden.

### Zu Fuß oder mit dem Rad

Die Wegführung richtet sich vorrangig an Pilgerinnen und Pilger, die zu Fuß unterwegs sind.

### Aktualisierungen und GPS-Tracks

Alle Etappen sind durchnummeriert. Die GPS-Tracks sind genauso benannt und können damit einfach zugeordnet werden. Neue Hinweise, Aktualisierungen und Informationen zu Wegänderungen, von denen wir erst nach Drucklegung des Buches erfahren, finden Sie auf unserer Internetseite unter: www.pilgerverlag.de/martinusweg. Dort liegen auch die GPS-Tracks aller Wegabschnitte zum kostenlosen Download bereit.

Falls Sie während Ihrer Pilgertour Besonderheiten, Erwähnenswertes und Veränderungen sehen, danken wir Ihnen für eine Nachricht, die wir mit Ihrem Einverständnis für nachfolgende Pilgernde auf unserer Webseite zur Verfügung stellen möchten. Wir freuen uns ebenfalls über Ihre persönlichen Erfahrungen und Pilgerberichte, gerne an: info@pilgerverlag.de.

### Weitere Informationen und Hinweise auf Unterkünfte

Bei der Suche nach Unterkünften raten wir Ihnen, auf aktuelle Informationen und Angebote im Internet zuzugreifen und diese bei der Planung zu nutzen, da es hier häufiger zu Veränderungen kommt. Wir haben daher bewusst auf diese Angaben verzichtet. An vielen Orten ist es möglich, bei der jeweiligen Touristen-Information Adressen von Zimmervermietungen zu erfragen.

Eine schöne Übersicht über Unterkünfte am Martinusweg bietet auch die Webseite: www.martinuswege.eu.

# EINLEITUNG

## Besonderheit

Wir begegnen auf diesem Pilgerweg zahlreichen Spuren des heiligen Martin: Kirchen und Kapellen, die seinen Namen tragen, Orte seines Lebenswegs sowie anderen Sehenswürdigkeiten am Wegesrand und wundervollen Ausblicken auf die Rheinebene, den Rhein und die Hänge des gegenüberliegenden Odenwalds und Rheingaus.

Besonders hervorzuheben sind die drei Städte Speyer, Worms und Mainz, die SchUM-Städte mit ihren rheinischen Kaiserdomen und ihrer langen Geschichte. Hierzu finden Sie mehr Informationen auf den Seiten 156 ff.

Neben der ausführlichen Wegbeschreibung bietet jedes Kapitel Hinweise zu kulturellen Besonderheiten, zur Historie, zu Sehenswürdigkeiten, Kirchen und Kapellen. In manchen Orten ist es durchaus lohnenswert, einen längeren Zwischenstopp einzulegen.

## An- und Abreisemöglichkeiten

Die Etappenziele sind alle an den öffentlichen Nahverkehr angeschlossen und gut entweder per Bus oder Bahn zu erreichen.

## Voraussetzungen / Kondition

Der Martinusweg ist an allen Stellen technisch leicht. Trotzdem stellen manche Etappen durchaus Anforderungen an die Kondition..

## Gepäck

Vor allem weniger geübte Pilgerinnen und Pilger erliegen der Versuchung, viel zu viel Gepäck mitzunehmen. Reduzieren Sie so gut wie möglich, wählen Sie einen nicht zu großen Rucksack (nicht größer als 40 Liter). Wählen Sie Ihre Ausrüstung und Kleidung nach ihrem Gewicht aus und wiegen Sie Ihren Rucksack vor der Abreise. Ohne Wasser sollte ihr Gepäck nicht schwerer sein als acht Kilogramm.

Denken Sie daran, Ihre Sachen im Rucksack wasserdicht zu verpacken, etwa in dünne Mülltüten. Diese halten Ihre Kleidung trocken und können nach der Wanderung noch benutzt werden.

## Wir verwenden folgende Symbole:

| | | |
|---|---|---|
| Informationen | Sehenswürdigkeit oder-Sehenswertes | Ausblick |
| Naturerlebnis | Achtung | Tipp oder Hinweis auf etwas Besonderes |
| Einkaufen | Einkehr | Übernachtung |

Pilgerstatue und Kaiserdom

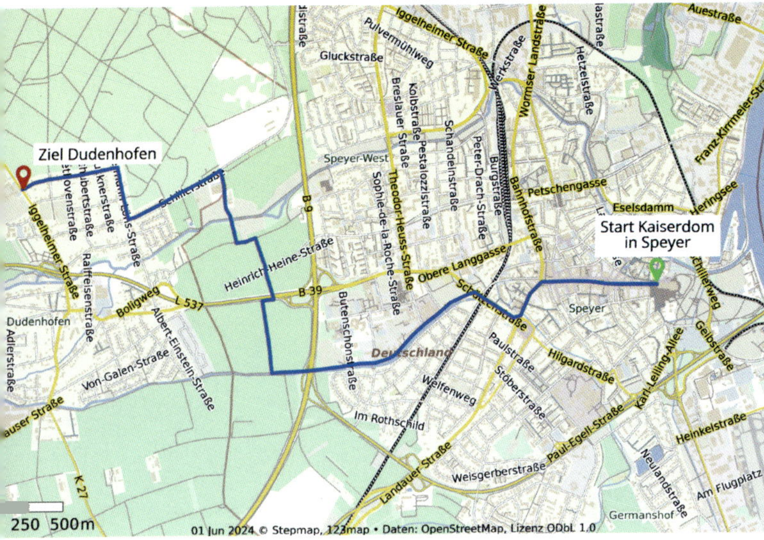


1. ETAPPE

**SPEYER – DUDENHOFEN**

**5,9 KM / +26 M / -18 M / 1:30 H**

Start 5,9

## EINDRUCKSVOLLER EINSTIEG IN DIE „VIA SANCTI MARTINI“

Im Mittelalter gehörte der Dom zu Speyer zu den bedeutendsten Wallfahrtsorten des Reiches. Die Menschen kamen, um Fürsprache und Hilfe zu erbitten - auch beim heiligen Martinus. An der Südseite des Doms befindet sich eine Doppelkapelle, deren Unterkapelle St. Martin geweiht ist. Bis heute kommen Pilgernde gern nach Speyer, so liegt es doch auf der Route der Pfälzer Jakobswege. Damit ist es auch ein geeigneter und wirkungsvoller Start dieser Teilstrecke des Martinusweges, die von hier bis Bingen verläuft. Die erste Etappe ist mit ihren knapp sechs Kilometern kurz und gibt somit ausreichend Gelegenheit, den Dom und die Sehenswürdigkeiten der Domstadt auch abseits der Route zu besuchen. GPS M01

Blick auf den Dom zu Speyer

Unser Weg beginnt am Kaiserdom in **Speyer** und folgt zunächst der Nord-Route der mit gelber Muschel auf blauem Grund ausgeschilderten „Pfälzer Jakobswege".

*Sehenswürdigkeit Kaiserdom zu Speyer und Domnapf*

*Der Dom St. Maria und St. Stephan in Speyer, im romanischen Stil errichtet, konnte nach einer Bauzeit von ca. 30 Jahren 1061 geweiht werden und gehört seit 1981 zum UNESCO-Weltkulturerbe. Der salische König und spätere Kaiser Konrad II. wollte nach seiner Wahl zum König den Dom als die größte Kirche seiner Epoche errichten lassen. Doch die Weihe des Doms im Jahr 1061 erlebte er nicht mehr. Sein Enkel Heinrich IV. ließ den Dom bereits ab 1080 von Grund auf umbauen und gab ihm seine heutige Gestalt, die nach der Zerstörung der westlichen Domhälfte im Pfälzer Erbfolgekrieg Anfang Juni 1689 durch einen Brand, dem ganz Speyer zum Opfer fiel, erhalten blieb. Der Speyerer Dom ist, nach der Zerstörung der Abteikirche von Cluny, die größte romanische Kirche weltweit.*

*Der Dom beherbergt die bedeutendste Grablege des Mittelalters auf deutschem Boden: Vier Kaiser, drei Kaiserinnen und Könige aus den Adelsgeschlechtern der Salier, Staufer, Habsburger und Nassauer sind hier begraben. Zur Grablege gelangt man durch die Hallenkrypta, die sich unter dem gesamten Chorraum und Querhaus erstreckt. Mit Gewölben von fast 7 Metern Höhe ist sie ungewöhnlich hoch und gehört zu den größten ihrer Art.*

*An der Südseite befindet sich eine Doppelkapelle, die zum ältesten Teil des Doms gehört. Urkundlich bereits 1057 erwähnt, ist ihre untere Kapelle dem heiligen Emmeram und dem heiligen Martin geweiht. Sie diente wohl von Anfang an als*

*Taufkapelle und scheint stets sehr stark besucht gewesen zu sein: Auf zwei Altären - zu Ehren des heiligen Martinus und zu Ehren der Heiligen Jost, Lucia und Ottilia - wurde im Mittelalter täglich bis zu sechsmal das heilige Opfer gefeiert. In alten Urkunden liest man manchmal die Bezeichnung „die Kapelle der Martinenser", da vier Pfründen zu Ehren des heiligen Martin hineingestiftet waren. Heute existiert in der Unterkapelle nur noch ein Altar an der östlichen Wand, über dem sich eine Büste und eine Tafel zum Gedenken an die heilige Edith Stein befinden. Sehenswert ist auch der 2012 eröffnete Kaisersaal über der Vorhalle des Doms mit den Schraudolph-Fresken.*
*Auf dem Domplatz vor dem Dom steht der Domnapf. Er ist mit einer Jakobsmuschel geschmückt und trägt eine lateinische Inschrift. Wenn früher ein neuer Bischof in die Stadt einzog, musste dieser die große Schale aus Sandstein mit Wein füllen und alle Bürger durften davon trinken. Heute noch bleibt man dieser Tradition treu und füllt den Domnapf nach einer Bischofswahl mit Wein für die ganze Bevölkerung. Insgesamt fasst er 1.580 Liter.*

Mit dem Dom im Rücken gehen wir auf unserem Martinusweg geradeaus durch die „Maximilianstraße", vorbei am Domnapf und der Pilgerstatue mit Wanderstab und der bekannten Jakobsmuschel auf der Hutkrempe, in Richtung „Altpörtel", des ehemaligen Stadttors.

*Hinweis: Wir können auf unserem Weg nach Dudenhofen dem augeschilderten „Jakobsweg", der ausgeschilderten Radroute „R 58" und den weiß-roten Balken folgen.*

Durch die belebte Maximilianstraße in Speyer ...

*Sehenswertes abseits der Route: Judenhof in Speyer*

*Wer möchte, geht von der „Maximilianstraße" einen kurzen Schlenker in die Parallelstraße „Kleine Pfaffengasse" zum Judenhof, in dem sich Überreste der Synagoge, des Judenbads und das Museum SchPIRA befinden.*

*Nahezu gleichzeitig mit der Synagoge wurde um 1120 im romanischen Baustil ein Ritualbad, die sogenannte Mikwe, errichtet. Die mit reichen Ornamenten verzierte Mikwe ist die älteste Anlage ihrer Art in Mitteleuropa. Ein tonnengewölbtes Treppenhaus führt über einen Vorraum zum 10 m tief gelegenen quadratischen Badeschacht mit Kreuzgratgewölbe. Hier nahmen Juden die nach den mosaischen Gesetzen vorgeschriebene kultische Reinigung durch Untertauchen in kaltes, „natürliches" Wasser vor.*

*(Judenhof mit Überresten der Synagoge, Judenbad und Museum SchPIRA, Kleine Pfaffengasse 20/21) Mehr Informationen: Seite 159 ff.*

Am Ende der „Maximilianstraße" gehen wir durch das alte Stadttor „Altpörtel", biegen am „Postplatz" links in die „Gilgenstraße" und kommen an der Kirche St. Joseph vorbei. An der nächsten Kreuzung, an der die Gedächtnis-
1,0 km kirche der Protestation steht, wenden wir uns rechts in die „Schützenstraße".

*Sehenswürdigkeit Kirche St. Joseph und Gedächtniskirche Speyer*

*Der Bau der katholischen St. Josephskirche wurde aufgrund konfessioneller Rivalität veranlasst. Gleich nachdem die Protestanten begannen, für den Bau der Gedächtniskirche gegenüber Geld zu sammeln, gründete sich im Jahr 1887 ein katholischer Kirchenbauverein. Im Jahr 1912 erfolgte die Grundsteinlegung von*

... vorbei an Kirche St. Joseph ...

... und Gedächtniskirche

*St. Joseph. Heute unterhalten beide Gemeinden ausgezeichnete ökumenische Beziehungen. Die Gedächtniskirche wurde als Denkmal der Protestationsgeschichte im neugotischen Stil gebaut (1893-1904), angelehnt an die französischen Kathedralen des 13. Jahrhunderts. Im Eingangsbereich steht eine große Lutherfigur. Das evangelische Gotteshaus hat den höchsten Kirchturm der Pfalz, der sogar den Dom überragt.*

Nach Überqueren des Speyerbachs geht es links in die „Holzstraße". Den Bach immer zu unserer Linken verlassen wir Speyer und nähern uns durch die Felder Dudenhofen. Nach Unterquerung der B 9 und B 39 wandern wir an der nächsten Weggabelung rechts und verlassen damit den Speyerbach.

Wir nähern uns der B 39, schwenken davor kurz nach rechts und unterqueren diese gleich wieder links. Unser Weg führt uns geradeaus auf **Dudenhofen** zu, kurz vor den ersten Häusern geht es links, gleich wieder rechts und dann über den Woogbach.

Vor dem Wald wenden wir uns nach links in die „Schillerstraße", anschließend rechts in die „Hermann-Löns-Straße" und wieder links in die „Mozartstraße".

Zum Zentrum von Dudenhofen, unserem heutigen Ziel mit Einkehr- und Übernachtungsmöglichkeiten, gelangen wir am Ende der „Mozartstraße" links über die „Iggelheimer Straße".

*Hinweis: ehemalige Martinskirchen in Speyer*

*In Speyer gab es bereits im frühen Mittelalter eine Martinskirche, welche zum Germanstift gehörte, wobei nicht geklärt ist, wo diese Kirche genau stand. Im 12. Jahrhundert wurde eine weitere dem heiligen Martin geweihte Pfarrkirche errichtet, die am südlichen Teil des „St.-Klara-Kloster-Wegs" lag, der früher „Martinsgasse" hieß, und heute an den „Martinskirchweg" grenzt.*

*An der Kirche lag eine Beginenklause, die sich ihren Lebensunterhalt mit Handarbeiten verdienten. Urkundlich erstmals 1439 erschienen, wurde das Kloster gewöhnlich St. Martins Kloster und dessen Bewohnerinnen bisweilen auch Martinenser Nonnen genannt. 1482 wurde es in einen Konvent der Augustinerchorfrauen umgewandelt.*

*Einer der Pfarrer von St. Martin, Werner von Goldberg, wurde 1524 erwähnt, da er aufgrund seiner lutherischen Gesinnung seine Pfarrstelle verlassen musste. Die Schwestern hielten am Katholizismus fest, was dem vornehmlich protestantischen Stadtrat missfiel, der daraufhin versuchte, Sonderabgaben für die Handarbeiten zu erzwingen. Im Dreißigjährigen Krieg wurde das Kloster zerstört und 1685 inkorporierte der Bischof Johan Hugo von Orsbeck das Augustinerinnenkloster und die Pfarrkirche St. Martin mit allen Liegenschaften und Gefällen dem Kloster St. Klara. Die Ruinen wurden eingeebnet und auf dem Areal der Kirche im 18. Jahrhundert ein Holzkreuz errichtet. Auch dieses existiert inzwischen nicht mehr, man findet die Kirche jedoch auf alten Stadtansichten, z. B. der aquarellierten Tuschezeichnung von Philipp Stürmer (ausgestellt im Museum SchPIRA im Judenhof) nach dem Holzmodell von Heinrich Scherpf (ausgestellt im Historischen Museum der Pfalz Speyer, Domplatz 4).*

Auf unserem Weg Richtung Neustadt

2. ETAPPE

**DUDENHOFEN – NEUSTADT AN DER WEINSTRASSE 22,3 KM / +50 M / -22 M / 5:45 H**

Start 5,9 28,2

## AUF DEM MARTINUSWEG IN DIE PFÄLZER WEINREGION

GPS M02

**Nach dem lebendigen Speyer erwarten uns auf der heutigen Etappe Momente in Natur und Ruhe. Ein idyllischer Weg führt uns durch einen Auwald, bis wir den Waldrand erreichen und dann mit Blick auf saftige Wiesen und Felder weiter nach Neustadt an der Weinstraße pilgern - malerisch gelegen am Rand des Pfälzerwaldes und im Mittelpunkt der Deutschen Weinstraße.**

Weinreben auf dem Weg

Am Ende der „Mozartstraße" in Dudenhofen wandern wir rechts auf der K 15 in den Wald, linker Hand befindet sich eine Schule, und kurz darauf gehen wir links auf einen nicht asphaltierten Waldweg. An der Abzweigung stehen eine Infotafel über den Jakobsweg und ein Baumstamm, in den eine Jakobsmuschel geschnitzt ist. Wir laufen geradeaus, dann an der Kreuzung rechts und gelangen an eine Schutzhütte, an der wir geradeaus vorbeigehen. Der Weg ist gut markiert mit Jakobsmuschel, Radwegzeichen nach Neustadt an der Weinstraße sowie weiß-rotem Balken und schlängelt sich meist durch den Wald, unterbrochen von kurzen Passagen durch die Felder. Vorbei an einem Recyclinghof überqueren wir die L 529, die auch „Holidayparkstraße" genannt wird.

Wir pilgern weiter durch den Wald, dann am Waldrand entlang bis zur Überquerung der L 530. Hier wenden wir uns kurz nach links, vor der Brücke, die Richtung Geinsheim führt, gleich wieder nach rechts und folgen dem Bachlauf.

Durch den Wald wandern wir weiter bis zur Überquerung der K 14. Hier halten wir uns kurz links, um gleich wieder rechts in den Wald einzubiegen. Linker Hand liegt das Gewerbegebiet von **Speyerdorf**. Nachdem uns unsere
17,4 km Strecke durch Wald und Felder geführt hat, unterqueren wir die A 65.

Auf einem unbefestigten Weg durch den Wald erreichen wir eine asphaltierte Straße. Wir halten uns links am Reitclub vorbei, kreuzen die K 20 und

kommen in die „Branchweilerhofstraße". Gleich darauf geht es links auf einen kleinen Weg entlang des Rehbachs. Auf der „Adolph-Kolping-Straße" überqueren wir den Rehbach und wenden uns gleich links Richtung Bahngleise. Nach deren Unterquerung gehen wir geradeaus weiter in den „Harthäuserweg" und dann links in die „Robert-Stolz-Straße".

Kurz darauf biegen wir halb links in den „Georg-Kerschensteiner-Weg". Am Ende des Wegs erreichen wir eine Unterführung, die uns unter der „Martin-Luther-Straße" hindurch in die „Winzingerstraße" führt. An der nächsten Gabelung geht es kurz links, über den Floßbach und an einem großen Parkplatz nach rechts. Der kleine Fluss ist jetzt zu unserer Rechten. Wir gehen weiter den Floßbach entlang und durch die „Wallgasse", bis wir zu einem Zusammenfluss von Floß- und Speyerbach gelangen. Hier halten wir uns kurz links und biegen gleich darauf rechts in die „Konrad-Adenauer-Straße" ein, der wir bis zur „Laustergasse" folgen. Kurz darauf gelangen wir rechts mit der „Kellereigasse" in die Fußgängerzone, die uns geradewegs auf den Marktplatz von **Neustadt an der Weinstraße** führt.

*Sehenswertes Neustadt an der Weinstraße*
*Der Weinanbau spielt hier eine herausragende Rolle. In Neustadt an der Weinstraße und seinen neun berühmten Weindörfern - Diedesfeld, Duttweiler, Geinsheim, Gimmeldingen, Haardt, Hambach, Königsbach, Lachen-Speyerdorf und Mußbach - haben zahlreiche, auch international bekannte Winzer ihre Lagen.*

*Die Altstadt mit den mittelalterlichen Gassen und hübschen, versteckten Innenhöfen hat den größten Fachwerkhausbestand in der Pfalz. Der historische Marktplatz beherbergt neben dem Rathaus, der mächtigen Stiftskirche, dem Scheffelhaus und dem Alten Königsbrunnen viele gemütliche Cafés.*
*Ein paar Straßen weiter findet man den bekanntesten der Neustadter Brunnen: Umgeben von Schatten spendenden Bäumen lädt der Elwetritsche-Brunnen Spaziergänger zu einer kleinen Rast ein. Er ist nach dem fabelhaften Pfälzer „Federvieh" benannt, das Elemente einer Ente, eines Huhns, eines Raben sowie einer Elfe in sich vereint.*

Der Marktplatz von Neustadt mit der größten und bedeutendsten gotischen Kirche der Pfalz, der Stiftskirche, ist das Ziel unserer heutigen Etappe.

*Sehenswürdigkeit Stiftskirche Neustadt*
*Die 1400 fertiggestellte Kirche wurde als Marien- oder Liebfrauenkirche geweiht. Äußerlich fällt sie besonders durch ihre zwei ungleichen Türme auf. Der Südturm, der an den Marktplatz grenzt, wird gekrönt von einer zweigeschossigen Wohnung, zu der 187 Stufen hinaufführen. Von hier aus bewachte der Türmer in früheren Jahrhunderten die Stadt. Bis vor Kurzem war das Türmerhaus noch bewohnt.*
*Im Inneren der Kirche ist die Trennmauer sehenswert, die 1708 zwischen dem evangelischen und dem katholischen Teil errichtet wurde. Damals wurde im Zuge einer Kirchenteilung den Katholiken der Chor und den Reformierten das*

... und Marktplatz, unser Etappenziel in Neustadt

*Langhaus zugewiesen. Diese Aufteilung dauert bis heute an und ist eines der letzten Zeugnisse für das willkürliche „Simultaneum" in der Kurpfalz. Beide Kirchenteile haben sich seitdem getrennt weiterentwickelt.*
*Besonders schön sind die vor Kurzem freigelegten Deckengemälde, die den katholischen Teil der Kirche schmücken. Im protestantischen Teil (in aller Regel nur zu Gottesdiensten geöffnet) kann ein Chorgestühl aus dem 15. Jahrhundert bewundert werden. Die Kaiser-Ruprecht-Glocke ist die größte Gussstahlglocke der Welt.*

Das Hambacher Schloss thront über dieser Etappe.

3. ETAPPE

**NEUSTADT AN DER WEINSTRASSE – SANKT MARTIN 8,5 KM / +156 M / -57 M / 2:15 H**

Start 5,9 28,2 36,7

## KURZE EXTRA-TOUR VOLLER HISTORIE

GPS M03

Eigentlich liegt Sankt Martin etwas abseits des Martinusweges. Aber dieser Abstecher ist ein Muss. Der schmucke Weinort befindet sich an der Kreuzung zweier Römerstraßen, und schon um 700 stand hier eine Wallfahrtskirche, die dem Heiligen geweiht war. Wer sich also einfühlen möchte in die jahrhundertealte Verehrung Martins, der oder die ist hier absolut richtig. Der Weg zwischen den Weingärten und den bewaldeten Hügeln des Pfälzerwaldes stimmt außerdem ein in die nächsten Etappen an der Pfälzer Weinstraße. Die Besonderheit hier: Über allem thront das Hambacher Schloss, eine der Wiegen der freiheitlichen Demokratie in Deutschland.

Der belebte Marktplatz vor der Neustadter Stiftskirche

Um von Neustadt an der Weinstraße nach Sankt Martin zu pilgern, starten wir am Marktplatz vor der Stiftskirche und wenden uns nach links zur „Hauptstraße". Nach rechts folgen wir der Fußgängerzone bis zur Ampel über die „Talstraße". Dahinter orientieren wir uns an der Beschilderung des „Pfälzer Weinsteigs" Richtung Hambacher Schloss, Jugendherberge und Edenkoben und halten uns entsprechend links, überqueren die Eisenbahn und nehmen dahinter schräg links zunächst die „Schillerstraße", um dann leicht rechts in die Sackgasse bergauf zu gehen. Beschildert ist dieses Wegstück als „Pfälzer Keschdeweg".

Oben angekommen, verlassen wir die Straße „Alter Viehberg" nach rechts in die „Waldstraße". An der „Frühlingstraße" weisen die meisten Wanderwegeschilder geradeaus. Wir folgen allerdings dem „Wanderweg Deutsche Weinstraße", der hier links abzweigt. Immer rechts von uns ein kleiner Weingarten, geht es in die Querstraße rechts hinauf und vor dem letzten Haus links. Hinter der nächsten Kreuzung wandern wir auf dem „Erschigweg" weiter bis zum Haus mit der Nummer 19. Dort zweigt gleich rechts ein Fußweg ab, der uns zu einer kleinen Straße bringt. Vom „Wanderweg Deutsche Weinstraße" lassen wir uns weiter nach links leiten.

Fast im rechten Winkel führt bald die Straße „Seminargarten" wieder bergauf und linksherum bis zur „Enggasse". Am Ende der gegenüberliegenden „Klosterstraße" wenden wir uns kurz links und dann auf dem „Kirchbergweg" nach rechts.

Von nun an bieten sich uns immer neue Ausblicke ins Rheintal.

Mit weiter Aussicht ins Rheintal wandern wir oberhalb der Hambacher Weinberge nach Süden, bevor bald das Hambacher Schloss ins Blickfeld gerät. 4,2 km

*Sehenswürdigkeit Hambacher Schloss*
*Das Hambacher Schloss ist ein imposantes Gebäude oberhalb des Ortes Hambach mit einer wechselvollen Geschichte. Es wurde im 11. Jahrhundert erbaut und im Laufe der Jahrhunderte mehrfach umgebaut. Die heutige Struktur zeigt vor allem Elemente aus dem 19. Jahrhundert. Seine historische Rolle ist bedeutend: Im Mai 1832 kamen hier 20.000 bis 30.000 Menschen aus den deutschen Bundesstaaten, aus Polen, Frankreich und Großbritannien zum sogenannten „Hambacher Fest" zusammen, das als Symbol für die demokratischen und liberalen Bestrebungen in Deutschland gilt. Die Teilnehmer setzten sich für Freiheit, Gleichheit und nationale Einheit ein. Somit gilt das Hambacher Schloss als Wiege der deutschen Demokratie und ist ausgezeichnet mit dem „Europäischen Kulturerbe-Siegel". Es bietet eine Dauerausstellung zum Mitmachen, ein vielfältiges Kultur- und Bildungsprogramm sowie ein Restaurant und einen Schlosspark zum Verweilen.*

Am Ende des „Kirchbergwegs" gehen wir nicht rechts hinauf zum Schloss, sondern links auf der „Schlossstraße" weiter auf dem „Wanderweg Deutsche Weinstraße". Hinter dem Haus mit der Nummer 114 biegen wir rechts in den Wald ab und treten durch ein Tor in das Dorf **Hambach** ein.

*Ein malerischer Rastplatz am Wegrand*

Sofort folgen wir dem „Handwerkerpfad" nach rechts, allerdings nur bis zu einem größeren Picknickplatz. Wir gehen auf gleicher Höhe entlang den Weinreben weiter und steigen nicht zum Schloss auf.

Zum nächsten Ort, nach **Diedesfeld**, wandern wir rechts und vor dem Gasthof links. Geradeaus geht es durch die „Andergasse" am „Rebenhof" vorbei
5,6 km bis zu einem Wanderparkplatz.

Auch hier bleiben wir auf dem „Wanderweg Deutsche Weinstraße", der uns in Richtung Klausental-Hütte auf dem asphaltierten Weg führt.

Hinter zwei kurzen gepflasterten Passagen zweigt nach links ein gepflasterter Weg ab, der zum ersten Mal mit „Maikammer St. Martin" beschildert ist. Den Schildern folgen wir geradeaus durch die Weinberge. Am Ende des „Weinlehrpfades" überqueren wir noch einmal eine Straße und gehen geradeaus weiter, auch dort noch, wo der „Rebsortenweg" nach links abbiegt.

Hier wählen wir den geschotterten Weg bergauf. Bald stoßen wir wieder auf den asphaltierten Weg, der uns auf die ersten Häuser von **Sankt Martin** zuführt. Blaue Schilder begleiten uns bis zur Martinskirche in Sankt Martin, dem Ziel dieser Etappe.

*Sehenswerter Ort und Kirche Sankt Martin*
*Der Ort Sankt Martin gilt mit seinen schmalen Gassen, hübschen Fachwerk-*

Martinskirche in St. Martin

Vor der Kirche: Martin als Bischof

*häusern und urigen Winzerhöfen als eines der schönsten pfälzischen Dörfer. Die Pfarrkirche mit gleichlautendem Namen steht an einer ehemaligen Kreuzung zweier Römerstraßen. Um das Jahr 700 wurde hier eine erste kleine Wallfahrtskirche aus Holz errichtet, die dem heiligen Martinus gewidmet war. Diese wich um etwa 1200 einem Steinbau, welcher wahrscheinlich mit Kreuz- und Mittelschiffwölbung ausgestattet war. 1488 wurde der Turm westlich der Kirche angefügt und 1492 der Chor in Richtung Osten. Der Mittelbau war dreischiffig. Aus dieser Kirche blieben die Kirchenbänke aus dem 14. Jahrhundert erhalten, eine Rarität von höchstem Wert. Sie stehen heute auf der Empore.*
*Rund um die Kirche in Sankt Martin befindet sich ein „Bibelgarten". Hier gedeihen in den Anpflanzungen Gewächse, die in der Bibel Erwähnung finden, wie z. B. Akanthus, Granatapfel, Tamariske, Ölbaum und eine Atlantische Terebinthe. Sogar ein kleiner Johannisbrotbaum wächst hier, dessen Name von Johannes, dem Täufer, herrührt. Natürlich gehört in die Anlage auch ein Weinstock: „Ich bin der Weinstock, ihr seid die Reben."*

*Tipp: Wer nicht dieselbe Strecke von Sankt Martin nach Neustadt an der Weinstraße zurück pilgern möchte, kann für den Rückweg alternativ den ausgeschilderten Wanderweg „Weinsteig Pfalz" wählen, der jedoch wesentlich länger und anstrengender ist (19,8 km, 6:45 h, + 786 m, - 700m).*
*Als weitere Option bietet sich auch die gute Busverbindung zurück nach Neustadt an der Weinstraße an.*

Wunderschöne Villen in Haardt

4. ETAPPE

**NEUSTADT AN DER WEINSTRASSE – BAD DÜRKHEIM 15,5 KM / +146 M / -141 M / 4:05 H**

Start 5,9 28,2 36,7 52,2

## AN DER WEINSTRASSE

Schon kurz außerhalb von Neustadt präsentiert sich die Pfälzer Weinstraße von ihrer stolzen und traditionellen Seite: Wer an den Prunkbauten der Winzerhöfe in Haardt entlangwandert, ahnt etwas vom Reichtum der Region. Das Pfälzer Gold wächst in den endlosen Weingärten, die sich unter der Hangkante der Haardt in der Ebene ausbreiten. Umgeben von endlosen Reihen aus Rebstöcken wandern wir in das quirlige Bad Dürkheim, das schon bei den Römern beliebt war und, schon lange davor, von Kelten besiedelt wurde.

GPS M04

Das Haardter Schlössel

Wie schon der Abstecher nach Sankt Martin startet auch diese Etappe an der Neustadter Stiftskirche. Der „Hauptstraße" folgen wir vom „Gasthaus zur Post" nach Norden bis zur „Rittergartenstraße". Auf der gegenüberliegenden Straßenseite nehmen wir die Rampe bergan und folgen wiederum den Markierungen des „Wanderwegs Deutsche Weinstraße". Diese zeigen schräg rechts gegenüber in den „Haardter Treppenweg".

Oben angelangt, haben wir die Stadt verlassen und wenden uns unterhalb des Kriegerdenkmals nach rechts Richtung **Haardt**. Vor dem Haus „Eckstraße 10" gehen wir rechts und am Ende des Dorfplatzes links in den „Mandelring". Aussichtsreich wandern wir durch das Dorf mit den stolzen Weingütern. Den „Mandelring" verlassen wir in die „Eichkehle" geradeaus und schwenken rechts in „An der Althart".

*Sehenswertes Weindorf Haardt*

*Der Wein hat den Ort, der urkundlich 1256 zum ersten Mal erwähnt wurde, reich gemacht: Fachwerkhäuser aus dem 18. Jahrhundert, Barockhäuser mit kunstvoll verzierten Torschlusssteinen, Villen mit Wappen und herrschaftliche Weingüter sind Zeugen des Wohlstands und können auch heute noch bewundert werden.*

*Von der langen Geschichte des Dorfes zeugt zudem die fast 1000 Jahre alte Burg Winzingen, ehemals Residenz von Pfalzgraf Johann Casimir. Sie stand dort, wo sich heute das Haardter Schlössel erhebt.*

Im Weindorf Gimmeldingen

Typische Sandsteingebäude

*Das Weindorf Haardt heißt auch „Balkon der Pfalz", denn bei klarem Wetter bieten sich Ausblicke über die Reben bis zum Dom in Speyer.*

Der Straße folgen wir durch das Wohngebiet abwärts und auch dort weiter geradeaus Richtung **Gimmeldingen**, wo sie in die „Heidenburgstraße" übergeht. Unten angekommen, nehmen wir an der größeren Kreuzung die „Peter-Koch-Straße" nach links, und auch an der Gabelung halten wir uns links und erreichen schließlich den „Kirchplatz". 3,5 km

*Sehenswertes Weindorf Gimmeldingen*
*Sandsteingemäuer, schmale Gassen und rebenumrankte Torbögen von Winzerhöfen prägen das Ortsbild des staatlich anerkannten Erholungsortes Gimmeldingen. Schon die Römer schätzten die hervorragenden Hanglagen für den Weinbau. Beredtes Zeugnis ist das Mithras-Heiligtum in der „Loblocher Straße". Hier befindet sich eine Kopie (Ausschnitt) des Mithras-Altars. Das Original kann im Historischen Museum der Pfalz in Speyer besichtigt werden.*
*Neben den Weinreben brachten die Römer auch Edelkastanien und Mandelbäume in diese klimatisch begünstigte Region. Allein in Gimmeldingen stehen heute rund 2.500 Mandelbäume. Seit 1934 wird hier jährlich das Mandelblütenfest zu Frühingsbeginn gefeiert.*

Vor der Kirche St. Laurentius wenden wir uns nach links und gleich hinter dem ersten Haus wieder links Richtung „Weinlehrpfad". Am Dorfrand überqueren wir den „Tiefenweg", beschildert als „Pfälzer Weinsteig" Richtung Bad

Bald erreichen wir Königsbach.

Dürkheim. Erst an einer T-Kreuzung gehen wir nach links bergauf, weiter der weißen Variante des „Pfälzer Weinsteigs“ folgend. Ein schmaler Privatweg führt uns nach rechts. An dessen Ende wandern wir für einige Meter nach rechts, nur um gleich nach links in den Fußweg Richtung der Kirche von **Königsbach** einzubiegen.

*Sehenswertes Weindorf Königsbach*
*Der alte Dorfkern mit dem 1759 erbauten Landsitz des Speyerer Weihbischofs (heute Weingut Engel) und der Pfarrkirche St. Johannes bezaubert mit engen Winkeln und Gassen.*
*Der gotische Turm der Kirche steht stilistisch im Kontrast zum barocken Langhaus. Im Innern befindet sich ein Flügelaltar und eines der drei letzten Altarbilder der Pfalz aus dem 15. Jahrhundert: Es zeigt vor goldenem Hintergrund Kreuzigung und Tod Jesu Christi. Hier beginnt ein Wallfahrtsweg mit zwölf Stationen durch das Klausental bis zur „Kapelle der heiligen Vierzehn Nothelfer“, die seit dem 14. Jahrhundert einsam im bewaldeten Tal liegt.*

Ab der Kirche leitet uns wieder der „Wanderweg Deutsche Weinstraße“, was bedeutet, dass wir rechts zum Gotteshaus hinuntersteigen und direkt dahinter links gehen. An der Marienfigur biegen wir links in die „Franz-Kugler-Straße“ ein. Ihr bleiben wir auch an der Kreuzung treu, indem wir uns nach links wenden. An der nächsten Kreuzung führt nach links die „Kapellenstraße“ zur Klausenkapelle, die den Vierzehn Nothelfern geweihte Wallfahrtskapelle.

*Hinweis: Für einen Abstecher zur Wallfahrtskapelle, die eine schöne Rastgelegenheit bietet, steigen wir 550 m hinauf in den Wald (+40 m).*

Der Martinusweg geht hier aber weiter geradeaus, genauso wie an der nächsten Kreuzung. Außerhalb des Ortes wandern wir auf dem Feldweg Richtung **Deidesheim**. Wo der Asphaltweg rechts hinunter führt, folgen wir geradeaus dem schmalen Waldweg.

Im Wald treffen wir an einem Gedenkstein auf einen Querweg, in den wir nach rechts abbiegen und den Waldgasthof „Pfalzblick" erreichen. 6,7 km

Von dessen Zufahrt lassen wir uns hinunterbegleiten, aber nur bis zur Rechtskurve. Dort wählen wir den unteren der beiden Schotterwege nach links. In das kleine Sträßchen schwenken wir nach links bergauf ein und folgen ihm über den Wanderparkplatz „Mühltal" gleich rechts über den Bach. Wo sich die beiden asphaltierten Wege gabeln, nehmen wir den linken. Schließlich erreichen wir in einer Senke den Wanderparkplatz „Sensental". 8,4 km

Die Zufahrt bringt uns ein Stück bergab bis zur ersten Abzweigung nach links. Dem Weg folgen wir in der Rechtskurve an der Mauer entlang durch die Weinberge. „Am Kirchberg" wählen wir den oberen Weg und gehen auf der gepflasterten Straße talwärts, um dann an der Wegkreuzung gleich links abzubiegen. Hinter dem Bachtal wenden wir uns nach rechts und zweigen zunächst links auf den gepflasterten Weg und bald wieder links in

Wein …

… und Weinbergsaussichten

den geschotterten Querweg ab, um erneut einen asphaltierten Weg zu erreichen. Nach rechts pilgern wir nun oberhalb von **Forst**, wenden uns am Querweg links und dann gleich wieder nach rechts.

An der Gabelung direkt dahinter entscheiden wir uns für die linke Möglichkeit. Nach einer Linkskurve treffen wir auf Informationstafeln über **Wachenheim**. Wir schwenken nach rechts und setzen unseren Weg mit Blick auf den Ort fort. Bald darauf entdecken wir die Wachtenburg. Durch „Am Hauenstein“ wandern wir geradeaus in die „Burgstraße“ und an deren Ende rechts
12,0 km in die „Waldstraße“.

*Sehenswertes Wachenheim mit Wachtenburg*
*Urkundlich erwähnt wurde Wachenheim erstmals im Jahr 766, erste Besiedlungsspuren im Raum Wachenheims führen bis zur frühen Eisenzeit (um ca. 500 v. Chr.) zurück. Der schöne Weinort, der flächenmäßig zu den größten Weinbaugemeinden der Pfalz zählt, hat einen historischen Stadtkern mit einer 1341 errichteten Stadtmauer, Adelshöfen und mehreren kleinen Museen. Etwas außerhalb findet man die Ausgrabungen der Villa Rustica aus dem 1.-5. Jahrhundert.*
*Das Wahrzeichen von Wachenheim ist die Burgruine Wachtenburg, die einen Ausblick über das Rebenmeer und die Rheinebene bis hin zum Odenwald bietet. Höchstwahrscheinlich wurde die Wachtenburg im 12. Jahrhundert von Konrad von Hohenstaufen, einem Halbbruder des berühmten Kaisers Barbarossa, erbaut. Die erste urkundliche Erwähnung war im Jahr 1257. Im Laufe einer*

Die Wachtenburg

*bewegten Geschichte wechselten immer wieder die Besitzer. Der letzte Eigentümer war Albert Bürklin, dessen Erben die Burg 1984 der Stadt Wachenheim als Geschenk übergaben.*

An der nächsten Kreuzung folgen wir den Schildern nach links, gehen über die weiteren beiden Kreuzungen geradeaus und nehmen den schmalen Pfad rechts am Carport vorbei. Am Ende des Pfads wandern wir nach links bis zu einem Gedenkstein, der an die Flurbereinigung in den 70er-Jahren erinnert. Dort führt uns der Martinusweg geradeaus durch die Rebstöcke.

Mit Blick auf den Dürkheimer Flaggenturm, der im Volksmund wegen seiner Form auch „Kaffeemühlchen" genannt wird, wandern wir bis zur nächsten Kreuzung und wenden uns dort nach rechts, um bei der nächsten Gelegenheit am Picknickplatz links abzubiegen. An der Gabelung zweigen wir erst nach rechts und vor der Straße nach links ab. Über die Kuppe geht es nun geradeaus Richtung **Bad Dürkheim**. Im Ort erreichen wir die „Weinstraße Süd" und wählen schräg links gegenüber die „Doktor-Hugo-Bischof-Straße".

An der T-Kreuzung gehen wir links, unterqueren die Bahnlinie und wenden uns dahinter ein weiteres Mal nach links. Gegenüber führt uns die „Kurgartenstraße" zur St. Ludwigskirche, unserem heutigen Etappenziel.

Der Flaggenturm weist den Weg nach Bad Dürkheim.

*Sehenswertes Bad Dürkheim*

*Bad Dürkheim ist nicht nur ein Winzerort, sondern auch ein Kurort mit Mineralheilquellen. Die Isenach trägt das klare Wasser des Pfälzerwaldes in den Kurpark, vorbei an elf Brücken und dem 333 Meter langen Gradierbau. Er ist einer der längsten Deutschlands, und die Verrieselung der Sole aus einer tiefen Quelle führt zu einer kühl-salzigen, wohltuenden „Meeresluft".*

*Bekannt ist Bad Dürkheim auch für den immer im September stattfindenden Wurstmarkt, das größte Weinfest der Welt. Tatsächlich hat er seinen Ursprung in den Wallfahrten zur Kapelle auf dem Michelsberg, die mit einem Markt verbunden wurden. Als der Platz am Michelsberg den Pilgernden nicht mehr ausreichte und den damaligen frommen Kirchenvätern das ausgelassene Treiben zu bunt wurde, wandelten sie den Michaelismarkt in ein gesittetes Kirchweihfest und verlegten es Mitte des 15. Jahrhunderts auf die Brühlwiesen, die am Fuße des Michelsbergs lagen, den heutigen Wurstmarktplatz. Das Kirchweihfest wurde zu einer mittelalterlichen Verbrauchermesse, und die geselligen Zusammenkünfte dort führten dazu, dass sich die Messe schließlich zu einem Volksfest entwickelte. Der Name Wurstmarkt ergab sich aus dem dabei stets hohen Verbrauch an Würsten.*

*Auf dem Wurstmarktplatz steht außerdem das größte Weinfass der Welt, mit einem Fassungsvermögen von 1,7 Millionen Litern. Mit Wein war dieses Riesenfass jedoch noch nie gefüllt, in seinem Innern befindet sich ein Wein- und Speiselokal.*

Quirliges Etappenziel Bad Dürkheim

*Hinweis: Abstecher bieten sich vom Wanderweg Deutsche Weinstraße überall und jederzeit an. Jeder Ort an der Weinstraße hat seinen eigenen Charme, seine besonderen Winzer, urige Einkehrmöglichkeiten und seine Feste. Wenn Sie also auf dem Wegabschnitt einen Abstecher zur Einkehr und Rast machen möchten: Es lohnt sich!*

In Bobenheim am Berg

5. ETAPPE

**BAD DÜRKHEIM – GRÜNSTADT** **16,2 KM / +337 M / -241 M / 5:00 H**

Start 5,9 28,2 36,7 52,2 68,4

## DURCH DAS LEININGERLAND

Historische Orte – und Wein, so weit das Auge reicht: Der abwechslungsreiche Weg nach Grünstadt bietet einiges an Sehenswürdigkeiten. Gar nicht zu reden von den beeindruckenden Aussichten in die Rheinebene, auf die großen Metropolen und den Odenwald. Die Hügel des Pfälzerwaldes rücken bereits ein bisschen in den Hintergrund, bieten aber die malerische Kulisse für die Kulturlandschaft der Weinstraße. Ziel ist die uralte Siedlungsstadt Grünstadt mit ihrer Martinskirche.

GPS M05

Auf dem Geo-Erlebnispfad

Rechts von der Ludwigskirche startet unsere heutige Etappe, die wieder auf dem „Wanderweg Deutsche Weinstraße" beginnt und diesem folgend gleich links Richtung Kurzentrum abbiegt. Uns leiten die blauen Schilder durch den Park und dahinter nach rechts. Vor dem Haus mit der Nummer 17 nehmen wir die Gasse nach links und biegen auf dem Wurstmarktplatz vor dem Riesenfass rechts ab. An dem Häuschen der Stadtwerke mit dem kleinen Glasturm wenden wir uns nach links und gehen auf der anderen Straßenseite links der Tankstelle geradeaus weiter.

Am Ende der „Sachsenhütterstraße" folgen wir dem Schild zur Michaelskapelle nach rechts. Fast auf der Kuppe angekommen, schwenken wir nach links. Immer weiter hinauf geht es in die Weinbergterrassen auf dem „Geo-Erlebnispfad Bad Dürkheim".

*Bei guter Sicht ist die Aussicht vom Geo-Erlebnispfad in die Rheinebene beeindruckend.*

Dann kommen wir auf ein kurzes Streckenstück parallel der viel befahrenen Straße und passieren die Abzweigung nach **Ungstein**, zur römischen Villa sowie zum römischen Weingut. Der „Wanderweg Deutsche Weinstraße", dem wir hier folgen, führt auf der anderen Straßenseite weiter, und zwar die Radwege querend parallel zur Straße geradeaus. Hinter dem Tor in der Mauer lockt eine Gaststätte, der „Annaberg".

3,0 km

Im Tal liegt Ungstein.

Wahrzeichen von Leistadt: das barocke Rathaus

Unsere Route verläuft an der Mauer entlang auf dem gepflasterten Weg rechts hinauf, bevor sie unter der Leitung nach rechts abzweigt. Schon bei nächster Gelegenheit wenden wir uns nach links und bleiben auch in der Linkskurve auf dem Hauptweg, immer noch geht es leicht bergauf.

Der kleinen Straße folgend, wandern wir noch an dem Haus vorbei bergauf und biegen dahinter rechts ab. Durch eine Wohnstraße gelangen wir auf einen kleinen Platz, von dem unsere Route scharf links wieder bergauf und an der Gabelung rechts über den gepflasterten Weg führt. Bald geht es rechts hinauf zu einigen Häusern und dann dazwischen die steile Straße hinab. Unten wenden wir uns nach rechts zur Ortsmitte von **Leistadt**. 5,2km

*Sehenswertes Leistadt*

*Urkundlich zum ersten Mal erwähnt wurde Leistadt im Jahr 1209, seine Ursprünge reichen aber vermutlich bis in das 6. Jahrhundert zurück. Das Wahrzeichen von Leistadt ist das 1750 erbaute barocke Rathaus. Sehenswert ist dessen frei zugängliche Außentreppe, deren Stufen auf eine überdachte Plattform mit einer Balustrade aus gelbem Sandstein führen. Im obersten Giebelfeld ist das Leistadter Wappen zu sehen. Da Leistadt etwa 100 Meter höher als Bad Dürkheim und andere Nachbargemeinden liegt, trägt es auch den Namenszusatz: „Leistadt – der Sonne am nächsten!".*

In die Durchgangsstraße biegen wir links ein und folgen ihr am historischen Rathaus vorbei ortsauswärts. Wir zweigen nicht zum Friedhof ab, sondern

Der Weg ist gut beschildert zwischen Leistadt und Weisenheim.

wählen erst hinter dem Ortsausgangsschild die nächste Möglichkeit nach links, dort, wo der parallel zur Straße verlaufende Weg endet.

*Hinter der Kuppe, über die wir geradeaus gehen, eröffnet sich eine ganz neue Perspektive Richtung Norden: Bei gutem Wetter kann man von hier bis zum Taunus schauen.*

Direkt vor uns liegt **Weisenheim am Berg**, durch das wir direkt hindurch wandern, bis es geradeaus nicht mehr weiter geht. Dort nehmen wir rechts die Stufen und folgen dann der „Bobenheimer Straße".

Am Ortsausgang biegen wir links ab. Der Martinusweg begleitet hier weiter den „Wanderweg Deutsche Weinstraße" parallel zur Straße nach **Bobenheim am Berg**, wo wir in die „Leininger Straße" nach links abbiegen. In die „Friedhofsstraße" geht es nach rechts weiter und schon nach wenigen Metern schräg rechts auf den „Bergpfad".

Wir wandern über den Fußweg am Spielplatz vorbei und dahinter links und
9,4 km gleich wieder rechts. Auf „Zum Krummbach" wenden wir uns dorfauswärts.

Hinter dem Wanderparkplatz in der Senke geht es links hinauf. Der schmale Pfad rechts neben den Infoschildern ist leicht zu übersehen, er führt uns in Richtung der Ortschaft **Neuleiningen**. Wir gehen geradeaus darauf zu – über uns der Ort und die Burgruine **Battenberg**, die von hier aus allerdings nicht zu sehen sind.

Martinskirche in Battenberg

*Sehenswürdigkeit Burg Battenberg*

*120 Meter über dem Leininger Tal erhebt sich die Ruine der Burg Battenberg. Die erste schriftliche Erwähnung ist von 1350, jedoch ist wenig über sie bekannt. Man vermutet, dass die Burg um 1240 von Graf Friedrich III. zu Leiningen fast zeitgleich zur Burg Neuleiningen erbaut wurde. Sie diente wahrscheinlich ursprünglich dem Schutz des Murbacher Lehens, das die Orte Leistadt, Weisenheim am Berg, Bobenheim am Berg, Battenberg und Kleinkarlbach umfasste. Zerstört wurde die Burg Battenberg vermutlich 1525 im Bauernkrieg und im Erbfolgekrieg unter Ludwig XIV. durch die Franzosen. 1785 ließ Gräfin Franziska Eleonora die Burg teilweise abtragen, um mit den Steinen ein Wasserschloß in Kirchheim an der Weinstraße zu bauen, mit der Folge, dass nur geringe Überreste erhalten geblieben sind.*

*Der Blick von der Burg in die Rheinebene und über das Rebenmeer ist fantastisch.*

*Tipp: Die Burgruine mit Gastronomie im Hofgut und der Aussichtspunkt sind frei zugänglich. Die Burg und das Hofgut gehören heute noch im Privatbesitz zusammen.*

*Sehenswertes abseits der Route: Martinskirche in Battenberg*

*Nur wenige Gehminuten von der Burg entfernt und nordöstlich des Ortszentrums von Battenberg liegt die heute protestantische Martinskirche auf einer leichten Erhebung. Es handelt sich um einen einheitlichen Bau aus der Frühgotik.*

Odenwaldkulisse

*Es sind auch ältere, romanische Bauteile vorhanden. Diese stammen vermutlich von einem Vorgängerbau, der sich schon seit 836 dem Besitz des Benediktiner-Klosters von Glandern bei Metz zurechnen lässt. Im Jahr 1231 überließ Abt Albert von Glandern dem Domkapitel zu Worms das Patronat über die Kirche, die seit 1566 lutherisch ist. Im Kreuzrippengewölbe der Kirchengruft befindet sich die Grabstätte eines der Leininger Grafen und seines Sohnes. Bis heute erhalten sind zwei Kelche aus dem 14. und eine Taufschale aus dem 15. Jahrhundert. Die Taufschale, ein Kunstwerk der Renaissance, zeigt die Verkündigungsszene und findet, sicher verwahrt, nur zu besonderen Anlässen den Weg in die Öffentlichkeit. Jedes Jahr im Sommer wird hier der traditionelle „Gottesdienst im Freien" gehalten – inmitten des Kirchgartens unter altem Baumbestand.*

Wir durchqueren zunächst die Senke, steigen also ab und gehen dann am Werksgelände vorbei über die Brücke, folgen der Straße ein Stück nach links unter der Eisenbahnbrücke hindurch und passieren das große Kreuz auf dem Fußweg hinauf ins Dorf. An der Friedhofskapelle wenden wir uns auf der Zufahrt nach links. Bald treten wir in den Ort Neuleiningen ein, gelangen an der Gabelung mit dem schmalen Haus rechts in die „Mittelgasse"
12,0 km und gehen durch den historischen Ort.

*Sehenswertes Neuleiningen*
*Die Grafen von Leiningen waren im Mittelalter eines der bedeutendsten pfälzischen Adelsgeschlechter und hatten ihre Stammburg seit Anfang des 12. Jahrhunderts in Altleiningen. Ca. 1238–1250 erbaute Friedrich III. die Burg Neuleinin-*

*gen. Im Schutz der Stadtmauer siedelten sich Burgleute, Handwerker, Bauern und Kaufleute an. Der Ort gewann schnell an Bedeutung und wurde zur Stadt, 1371 sind die Stadtrechte bezeugt.*
*Im 15. Jahrhundert baute Landgraf Hesso Burg und Stadt zu einer der stärksten Festungen in der Gegend aus. Nach seinem Tod gab es langwierige Erbstreitigkeiten, als deren Folge sich auf Beschluss des Kurfürsten die Leininger Grafen und Bischöfe von Worms ab 1508 den Besitz von Burg und Stadt teilen mussten.*
*1555 hielt die Reformation im gräflichen Teil Neuleiningens Einzug, der bischöfliche Teil der Stadt mit der Kirche St. Nikolaus blieb katholisch. Als 1634 schwedische Truppen Neuleiningen einnahmen, wurde von ihnen nur die Stadt geplündert.*
*1690 wurde Neuleiningen im Zuge des Pfälzischen Erbfolgekrieges erobert und die Burg durch Sprengungen verteidigungsunfähig gemacht. Zu Beginn des 18. Jahrhunderts wollte Graf Georg II. von Leiningen-Westerburg die Burg wieder aufbauen, was jedoch am Widerstand des Bischofs scheiterte. Später verkaufte Graf Carl Ludwig seinen Teil von Neuleiningen an den Bischof von Worms. Damit hatten die Leininger Grafen alle Besitzrechte an Burg und Stadt verloren.*
*Die Bürger bauten nach dem Krieg das Dorf wieder auf, die zerstörte Burganlage diente dabei als Steinbruch: Tür- und Fenstergewände aus der Burg finden sich an manch einem Haus des Ortes wieder. Jahreszahlen aus dem 18. Jahrhundert sind an vielen Häusern zu sehen, ebenso etliche Handwerkszeichen. Seit 1941 gehört die Burg der Gemeinde Neuleiningen. Im Ort selbst befinden sich an nahezu allen Sehenswürdigkeiten Bronzetafeln mit Erläuterungen.*

*Von den Höhen über Neuleiningen ist die Aussicht grandios.*

Am Feuerwehrhaus treffen wir auf die Durchgangsstraße und wandern links und dann schräg rechts Richtung Sportplatz aufwärts. So unterqueren wir die Autobahn A 6 und gehen dahinter vor dem Wegkreuz links bergauf. Wo die Straße eine Kurve nach links beschreibt, steigen wir rechts noch weiter hinauf und biegen wieder rechts ab.

Am höchsten Punkt dieser Etappe hinter dem Sportplatz behalten wir die Richtung bei bis zur T-Kreuzung. Dort zweigen wir links ab und pilgern auf dem Wiesenweg bergan. An ersten Feldern vorbei sowie weiterhin auch an Weinbergen bleiben wir auf der Höhe und erreichen einen Plattenweg, der uns nach unten führt, quasi wie auf der Verlängerung der Autobahn in der Ebene. Auf ihm gehen wir hinab, bis wir an der Kreuzung mit Bank und Tisch noch einmal links abbiegen und bei nächster Gelegenheit rechts, schon wieder halb auf der Kuppe.

An der nächsten Kreuzung nehmen wir den zweiten Weg nach links und wandern oberhalb von **Grünstadt** durch die Weinberge. Leicht rechts abgebogen, passieren wir die „Sophienruhe" und laufen nun talwärts, wo an der Straßenkreuzung die heutige Etappe endet.

*Hinweis: Wer in Grünstadt übernachtet, steigt am besten über die „Berggasse" zur Innenstadt ab.*

*Sehenswertes Grünstadt mit Martinskirche*

*Funde belegen, dass die Region schon um 5000 v. Chr. von mittelsteinzeitlichen Jägern durchstreift und besiedelt wurde. Die Kelten wurden durch die Römer verdrängt, die rund 450 Jahre blieben. Sie hatten den Weinbau mitgebracht und gewannen Eisenerz. Die anschließend eingefallenen Alemannen wurden vom Frankenkönig Chlodwig besiegt. Aus drei merowingischen bzw. fränkischen Siedlungen wuchs "Grindestat" zusammen, das auf einen Herrn Grimdeo zurückgeht.*

*Die südliche der drei Siedlungen lag im Bereich der heutigen Martinskirche, die ihren Gründungsimpuls dem Kloster Glandern in Lothringen verdankt, das bis ins 18. Jahrhundert Grundherr blieb. Die Benediktinermönche brachten aus dem Westen das Martinspatrozinium mit. Die erste Martinskirche ist bereits 875 urkundlich erwähnt.*

*Etwa zeitgleich, um 900, wurde auch die nördliche Siedlung, die zum Kloster Weißenburg gehörte, in dessen Güterverzeichnis aufgeführt und eingehend beschrieben. Es handelte sich um die Kirche St. Peter, einen Pfarrhof, der auf die Bedeutung des Ortes hinweist, einen Herrenhof mit großen Wirtschaftsgebäuden und 14 Bauernhöfe. Die Peterskirche und der zugehörige Friedhof, deren Anfänge wohl schon aus römischer Zeit herrühren, blieben bis ins 19. Jahrhundert als religiöses Zentrum und Nekropole erhalten, obwohl sie weit außerhalb der späteren Stadt Grünstadt lagen. Die mehr als 1.000-jährige Kirche hatte man 1819 abgerissen, da seit Anfang des 18. Jahrhunderts eine neuere und größere katholische Kirche im Süden der Stadt existierte, die heutige katholische Pfarrkirche St. Peter. Auf sie hatte man das historische Peterspatrozinium der*

Früher Friedhof, heute Peterspark

alten Kirche übertragen. Den Friedhof schloss man erst 1874 und wandelte ihn in den Peterspark um.

Wahrzeichen von Grünstadt ist bis heute die mehrfach neu erbaute, inzwischen protestantische Martinskirche. Ihr Turm stammt größtenteils noch aus dem Jahr 1618, Obergeschoss und Barockhelm wurden 1743 gestaltet. Im 2. Weltkrieg brannte die Kirche aus und wurde 1952 wieder aufgebaut. Mit der Orgelweihe wurde 1959 auch der innere Aufbau abgeschlossen. Ein hübsches Glockenspiel ertönt seit 1990. Unter der Martinskirche befinden sich die Grablegen des Hauses Leiningen.

Grünstadt war zudem eine der bedeutendsten jüdischen Gemeinden in der Pfalz. 1827 betrug der Anteil der jüdischen Einwohner über zehn Prozent. Schon 1741 erwarb die jüdische Gemeinde ein Wohnhaus und ließ dort ihre Synagoge errichten. Das Gebäude wurde bis zum 20. Jahrhundert mehrfach umgebaut und renoviert. Im Rahmen der Reichspogromnacht wurde die Grünstadter Synagoge 1938 geplündert und diente später bis in die 1970er Jahre als Lagerraum. Dann sollte die Synagoge abgerissen werden, wozu es aber nicht kam. Es fand sich ein Investor, der das Gebäude zu einem Geschäftshaus umbaute. 1986 stellte man die ehemalige Synagoge unter Denkmalschutz, und am 10. November 1988 ließ die Stadt eine Gedenktafel anbringen. Trotz der Profanierung und den Umbauten blieb der Charakter eines heute in der Region seltenen spätbarocken Synagogenbaues bestehen.

rtinskirche in Grünstadt

Trullo heißen hier solche Rundbauten.

6. ETAPPE

## GRÜNSTADT – OFFSTEIN

**14,7 KM / +221 M / -320 M / 3:50 H**

Start 5,9 28,2 36,7 52,2 68,4 83,1

## GRENZENLOS

GPS M06

Es ist eine unsichtbare Grenze, die die heutige Etappe überschreitet. Sogar eine doppelte: Zwischen Bockenheim und Offstein endet die Pfalz und Rheinhessen beginnt. Und an dieser historischen Grenze treffen sich auch die beiden Bistümer Speyer und Mainz. Es ist noch gar nicht so lange her, da waren die deutschen Lande von kleinteiligen Grenzen durchzogen. Heute sieht man sie nicht mehr – so wie es an den Staatsgrenzen auch nur noch eine Erinnerung an die alten Grenzanlagen gibt, seit Europa zusammengewachsen ist. Hier auf dem Martinusweg, der den Kontinent überspannt, kann man doch gar nicht anders als dankbar sein für die Überwindung von Trennendem.

Am Beginn der Etappe hinter Grünstadt

Am Ende der „Berggasse" in Grünstadt steht rechts oberhalb der Straße ein großes Kreuz. Dort beginnt diese Etappe, und wir steigen die letzten Meter bergan zu einer mehrfachen Gabelung, an der wir zweimal rechts gehen. Noch eine ganze Weile können wir uns an den Markierungen des „Wanderwegs Deutsche Weinstraße" orientieren. Entsprechend halten wir uns an der Gabelung im Feld links, weiter leicht bergab bis zur Straße. Direkt gegenüber wandern wir geradeaus bergwärts, bis wir dem Schotterweg in der Rechtskurve folgen. In den Plattenweg gehen wir schließlich nach links
2,3 km und dann weiter in der Rechtskurve bis zur „Weinwanderhütte Asselheim".

Dahinter links abgebogen, wenden wir uns an der T-Kreuzung nach rechts Richtung Bockenheim. Den „Pfälzer Weinsteig" verlassen wir gleich wieder geradeaus auf dem gepflasterten Weg.

Es geht hinunter bis zu einigen Gebäuden. Dort folgen wir der Straße rechts in Richtung **Asselheim**, bis wir links zum Friedhof einschwenken. An diesem vorbei laufen wir bergauf, bevor wir hinter dem nächsten ummauerten Bereich rechts abbiegen.

Nachdem der Plattenweg sich wieder gesenkt hat, zweigen wir links ab und gehen an einer Hecke entlang wieder aufwärts. Hinter dem kleinen Häuschen, das rechts im Weinberg steht, biegen wir an der Kreuzung rechts ab.

Abstecher zur Heiligenkirche

Kurioser Rundbau

*Es lohnt sich, das vor uns liegende kleine Plateau für eine Rast zu besteigen und die Aussicht samt Panoramatafel zu genießen.* 5,9 km

*Tipp: Kurz vor einem alten Rundbau auf der rechten Seite, einem sogenannten Trullo, führt nach links ein Schotterweg zu der kleinen Heiligenkirche St. Peter im Weinberg. Wer mag, macht den kurzen Abstecher zu einem der ältesten Gotteshäuser der Nordpfalz mit dazugehöriger Gnadenquelle.*

*Sehenswürdigkeit Trullo*
*Die alten Rundbauten in den Rebgärten tragen den Namen Trullo. Es sind teilweise naturbelassene, meist jedoch weiß gekalkte Bauwerke in den Weinbergen des südlichen Rheinhessens. Sie wurden vor der Maschinisierung der Landwirtschaft aus Natur- und Feldsteinen in Kragkuppel-Bauform errichtet und dienten vor allem den zahlreichen Feldarbeitern als Unterschlupf, Schutz- und Pausenhütte sowie Geräte- und Materiallager. Zwischen Bockenheim (Pfalz) und Wendelsheim (Rheinhessen) existieren etwa 30 dieser Kuppelbauten.*

Zurück auf der Route wählen wir an der Gabelung hinter dem Rundbau den linken Weg und wandern oberhalb von **Bockenheim an der Weinstraße**.

Nach einer Walnussbaumallee gelangen wir an ein Wohnhaus mit dazugehörigem Betriebsgelände. Dort wenden wir uns auf dem zweiten Weg nach rechts, nämlich auf dem Feldweg nach Bockenheim.

Ein weiterer Rundbau

Martinskirche in Bockenheim

An der Straße verlassen wir den „Wanderweg Deutsche Weinstraße", der ohnehin wenige Meter weiter rechts am „Haus der Deutschen Weinstraße"
8,1 km in Bockenheim endet.

Wir sind die ganze Zeit auf die protestantische Martinskirche von Bockenheim zugegangen und wenden uns nun auf der Straße unterhalb des Kirchberges nach links. Fast oben angekommen folgen wir den Schildern Richtung „Weingut Schloss Janson" nach rechts. An dem Gut vorbei, das in der historischen Emichsburg residiert, wandern wir in den Weinberg und an einem weiteren Trullo vorbei geradeaus.

*Sehenswertes Bockenheim mit Martinskirche und Emichsburg*
*Das heutige Bockenheim wurde 1956 aus den Gemeinden Groß- und Kleinbockenheim gebildet. In Kleinbockenheim gab es einst drei Kirchen, die alle auf dem sogenannten Kirchenbergl standen. Er wurde früher auch wegen seiner drei Kirchen „Drinkirchen" genannt. Das einzige der drei Gebäude, das davon noch erhalten ist, ist die protestantische Martinskirche. Erstmals erwähnt wurde sie im 12. Jahrhundert.*
*Im Jahre 1582 kaufte Graf Emich XI. von Leiningen-Dagsburg ein östlich der Martinskirche gelegenes Gebäude, das den Wadgassen-Mönchen als Probstei gedient hatte. Er ließ das Anwesen zu einem Schlösschen umbauen, die Emichsburg. Aus dieser Zeit stammt auch das schöne, reichverzierte Eingangstor. Die Martinskirche wurde damals erst Schlosskirche, seit der Reformation dann Pfarrkirche der lutherischen Gemeinde Kleinbockenheims.*

Blick auf Bockenheim

*Wer die Martinskirche heute betrachtet, dem fällt der frei stehende Kirchturm auf. Dieser hat ursprünglich nicht zur Martinskirche gehört, sondern zur benachbarten Marienkirche, die 1833 abgerissen wurde. Über die dritte Kirche des Kirchenhügels, die Michaeliskirche, ist wenig bekannt. Zuerst wurde sie 1196 erwähnt, zuletzt 1266. Was mit ihr geschah, weiß niemand.*
*Die Malereien in der Martinskirche stammen aus den Jahren 1225 bis 1250 und zeigen einen figurenreichen Christuszyklus, der zu den ältesten monumentalen Darstellungen dieses Themas in der Region gehört. Die Kirche wurde im 16. Jahrhundert instand gesetzt und im heutigen Erscheinungsbild ausgebaut. Die Konsolen und Schlusssteine geben zusammen mit der Gewölbemalerei und dem Taufstein einen Eindruck von der Kunst der spätgotischen Baumeister. Erhalten ist die wertvolle spätbarocke Orgel aus dem 17. Jahrhundert. 1906 wird die ehemalige Gruft der Leininger Grafen bei Grabungen entdeckt, diese muss jedoch bereits vor 1900 geplündert worden sein. Die Gruft wurde später wieder zugeschüttet.*

Zwischen Bockenheim und Hohen-Sülzen überqueren wir auf dem Martinusweg nicht nur die Grenze zwischen der Pfalz und Rheinhessen, sondern auch zwischen den Bistümern Speyer und Mainz. Hinter der Eisenbahnbrücke wenden wir uns links nach **Hohen-Sülzen** und am historischen Wasserspeicher vorbei geradeaus, bis von links an einer Bank der „Froschwanderweg" auf unsere Route trifft. Kurz davor zweigen wir auf einem Lösshohlweg ins Dorf ab. Geradeaus gehen wir bis zur Hauptstraße und biegen am historischen Rathaus rechts und vor dem Kriegerdenkmal links ab. 12,2 km

Rathaus in Hohen-Sülzen

*Sehenswertes Hohen-Sülzen*
*Obwohl es in der Gemarkung römische und fränkische Funde gibt, stammt die erste urkundliche Erwähnung aus dem Jahre 1140 und lautet „Sulza", was laut etymologischem Wörterbuch so viel wie „Salzwasser, Sole, Brühe" bedeutet. Vermutlich aufgrund dieser feuchten Sumpf- oder Wiesengelände an Bachläufen erhielten die Einwohner den Spitznamen „Frösch" und das Dorf im 13. und 14. Jahrhundert den Beinamen „Hor-sulzen" – „Hor" bedeutete Sumpf und verweist auf eine salz- oder mineralhaltige Quelle.*
*Das Rathaus von Hohen-Sülzen wurde Ende des 16. Jahrhunderts erbaut und trägt im Obergeschoss reiches Fachwerk über einer Erdgeschosshalle mit Rundbogenöffnungen. Hier war noch vor 100 Jahren die Dorfschmiede untergebracht. An der Front führt eine überdachte Freitreppe auf die nördlich angebrachte Galerie. 1906 wurde das gesamte Gebäude abgetragen und originalgetreu wieder-aufgebaut. Am Rathaus befindet sich zudem eine Gedenktafel, die an die jüdischen Mitbürger erinnert.*

Geradeaus pilgern wir aufs Feld hinaus und wenden uns am Querweg nach links. Wir erreichen eine große Straße, von der wir uns nach rechts auf dem parallel verlaufenden Fußweg bis zur Unterführung leiten lassen. So gelangen wir nach **Offstein**, wo wir am Ende der Jahnstraße links zur Martinskirche gehen, dem Ziel dieser Etappe.

*Sehenswürdigkeit St. Martinskirche Offstein*
*Wenig bekannt ist, dass in der katholischen Kirche St. Martin von Offstein eine*

Etappenziel: Martinskirche in Offstein

*Reliquie ihres Patrons aufbewahrt wird. Mit der Monstranz wurde sie der Kirche 1999 gestiftet und hinter Glas sichtbar in den dunklen Marmoraltar eingelassen. Kurz darauf kam ein Holzambo (Lesepult) mit von Georg Vollmer geschnitztem Martinusmedaillon hinzu. Schon im Vorraum werden Besucher vom mantelteilenden Martin in einem modernen Glasmosaikfenster empfangen.*

*Die Pfarrei blickt auf eine lange Geschichte zurück, bereits vor der ersten urkundlichen Erwähnung 1212 gab es eine Martinskirche. Mehr dazu erfährt man in der „Wormser Synodale" 1496: Seitenaltäre waren Maria und St. Cyriakus geweiht, die Kirche war damals dem Cyriakusstift in Worms-Neuhausen unterstellt. Seit 1567 nutzten die Reformierten die Kirche. 1707 wurde sie den Katholiken zurückgegeben, und die Reformierten und Lutheraner bauten sich eigene Gotteshäuser in Offstein. Die stark baufällige Martinskirche wurde um 1780 abgerissen und zwei Jahre später durch den größeren heutigen Bau ersetzt. Sie bildet zusammen mit dem aus der gleichen Zeit stammenden Pfarrhaus ein schmuckes Ensemble.*

*In den Kirchhof führt ein Sandsteinbogen. Rechts erinnert der in die Mauer eingelassene Schlussstein eines älteren Torbogens daran, dass das Gelände lange als Friedhof diente. Der Stein zeigt das Relief eines Totenkopfs und die Inschrift „Memento Mori".*

*Im Inneren der Kirche stammt das im Chor zentral angebrachte Kruzifix (um 1500) vermutlich noch aus der alten Kirche. Es wird flankiert von zwei farblich gefassten Steinreliefs mit Weihnachtsdarstellungen (um 1520).*

*Zur St. Martinskirche gehört auch die um 1540 erbaute Wendelinuskapelle nahe dem westlichen Ortsausgang. Sie ist das älteste erhaltene Gebäude des Dorfes.*

Auf grünen Wegen nähern wir uns der großen Stadt.

7. ETAPPE

**OFFSTEIN – WORMS**

**14,7 KM / +19 M / -47 M / 3:45 H**

Start · 5,9 · 28,2 · 36,7 · 52,2 · 68,4 · 83,1 · 97,8

## BEGEGNUNG MIT DEM HISTORISCHEN MARTIN

Städtisches Wandern kann sehr grün sein. Den besten Beweis liefert diese Etappe entlang des Eisbachs in eine der ältesten deutschen Städte. Dort, in Worms, steht der kleinste der drei bedeutenden romanischen rheinischen Kaiserdome. Die Stadt ist außerdem eine wichtige Stätte des aschkenasischen Judentums: Der älteste jüdische Friedhof Europas befindet sich ganz in der Nähe des Doms. Für Martinspilgernde ist allerdings ein anderer Ort von noch größerer Bedeutung: Dort, wo die Stiftskirche St. Martin steht, soll der Heilige als Soldat eingekerkert gewesen sein, nachdem er als Christ den Dienst an der Waffe abgelehnt hatte. GPS M07

Im Wormser Stadtpark

Die Martinskirche hinter uns, gehen wir links durch die enge Rechtskurve an der Bushaltestelle „Offstein Mitte“ vorbei und geradeaus in die „Gerbereistraße“. Ein Fußweg führt uns links am Bach entlang und von der Brücke links zurück zur Straße. Darauf überqueren wir nach rechts den Eisbach und schwenken hinter dem Gewerbebetrieb nach links ein, genau gegenüber der „Lindesheimer Straße“.

Wo der Asphalt endet, wandern wir auf dem Feldweg weiter, passieren noch weitere Gewerbehallen und wenden uns am Querweg rechts. Hinter den Obstplantagen nehmen wir – wieder zwischen den Weinreben – den ersten Weg nach links.

Wir gehen geradeaus, bis es nicht mehr geht, und wenden uns dann nach links, um sofort wieder rechts abzuzweigen. Wo rechts die Weinstöcke zurücktreten, wandern wir geradeaus auf die Baumreihe zu und rechts an dieser vorbei. Immer zwischen Wein und Bäumen laufen wir entlang einer steilen Abbruchkante, bis wir an einem Funkmast einen Bogen nach rechts schlagen und dem geschotterten Feldweg nach links bis zu einem kleinen
2,7 km gepflasterten Sträßchen folgen.

Dort wenden wir uns kurz nach rechts, um gleich wieder links abzubiegen. Oberhalb von **Worms-Heppenheim** gehen wir weiter an der Talkante und nutzen die erste Gelegenheit, die leicht links abwärts zu einer kleinen Straße führt. Oberhalb des Sportheims gehen wir rechts ein paar Meter weiter

Die Hagenstraße führt auf den Dom zu.

hoch und dann in den Schotterweg nach links, der uns bis zur Autobahn A 61 leitet. Die Unterführung finden wir links, und auf der anderen Seite betreten wir bereits das Stadtgebiet von **Worms**. Doch noch bevor wir das Ortseingangsschild passieren, führt uns der Martinusweg direkt nach der Unterführung nach links und hinter den Häusern gleich wieder rechts. Nun halten wir auf der „Oberwiesenstraße" auf den Turm der Martinskirche von **Worms-Wiesoppenheim** zu.

*Sehenswürdigkeit St. Martinskirche Wiesoppenheim*
*Die Geschichte der erstmals 1234 urkundlich bezeugten Wiesoppenheimer Kirche St. Martin reicht möglicherweise bis in karolingische Zeit zurück. Die baufällig gewordene, schlichte romanische Kirche wurde 1876 durch den heutigen neuromanischen Bau ersetzt. Das Original einer Skulptur des heiligen Martin mit Bettler von ca. 1540 aus der Vorgängerkirche ist heute im Dom- und Diözesanmuseum Mainz zu finden, in Wiesoppenheim steht eine Kopie.*

An Kirche und Spielplatz geht es nun links vorbei, und am Ende des Fußwegs wandern wir links auf „Im Dornplänzer". 6,0 km

Vor dem Eisbach halten wir uns rechts, überqueren die „Zelterstraße" und bleiben nun für etwa 2 Kilometer an seinem rechten Ufer. Auf ungefähr halber Strecke, nach den Sportplätzen, queren wir in **Worms-Weinsheim** den „Weinsheimer Postweg" und bleiben auch hier am rechten Ufer, genauso wie nach der Brücke, die in den Stadtteil **Worms-Horchheim** führt.

Der zweite romanische Dom auf unserer Pilgerreise

Nachdem wir nach einer Rechtskurve und an einem Backsteinturm auf eine Straße stoßen, gehen wir nicht gegenüber an den Wohnhäusern vorbei auf dem Fußgängerweg weiter. Stattdessen wenden wir uns nach links an dem Palisadenzaun entlang zur Kreuzung, wo wir für rund 50 Meter links Richtung Autobahn abbiegen, um dann nach rechts wieder auf den Fußgänger-
9,1 km weg einzuschwenken, der rechts an einem Firmengelände entlang führt.

Die abknickende Straße überqueren wir, gehen in den als Sackgasse ausgewiesenen Weg und nehmen an der fünfarmigen Kreuzung den ersten Weg links, noch vor dem Hofgelände. Hinter der Brücke wenden wir uns gleich rechts und wandern nunmehr links des Eisbaches weiter auf einem sehr schmalen Wiesenweg bis zur Bahnlinie, wo wir nach links den Eisbach verlassen.

Die Bahnlinie begleiten wir bis zur Unterführung und gehen auf der anderen Seite so lange wie möglich auf dem „Lerchenweg" geradeaus durch die Siedlung, bevor wir uns am Ende nach links wenden, und zwar auf der
10,8 km unteren Straße, der „Stauffenbergstraße".

Nun nutzen wir die erste Gelegenheit, um auf den Damm aufzusteigen, und dort die Fußgängerampel, um ihn zu überqueren. Nach der Unterführung halten wir uns leicht links und wandern hinter dem Schäferhundeverein auf dem linken der beiden geradeaus führenden Pfade.

Wer genau hinschaut, kann Überraschendes entdecken.

Hinter der Straßenunterführung unter der B 9 hindurch biegen wir direkt links in den Stadtpark ab, ignorieren die Abzweigungen nach rechts, bis wir in den asphaltierten Querweg nach rechts abbiegen. In einem weiten Bogen umrunden wir nach links den Hügel im Stadtpark, so lange, bis wir an seiner gegenüberliegenden Seite nach rechts gehen. Ein großer Spielplatz befindet sich nun rechts von uns.

Wo von rechts ein weiterer breiter Weg auf unseren stößt und daneben eine Straße führt, halten wir uns vor dieser Straße weiter links und gehen nun gegenüber dem Hügel auf der „Philosophenstraße" rechts hinauf zur Brücke.

*Von der Brücke aus haben wir erstmals einen Blick vor uns auf den Wormser Dom.* 13,0 km

Geradeaus gehen wir bis zur „Ludwigstraße" mit dem Jahn-Denkmal, wo wir uns nach rechts wenden. Dann führt uns nach links die „Hagenstraße" auf den Wormser Dom zu.

*Sehenswertes Worms mit Dom St. Peter*

*Worms geht auf die römische Gründung der Grenzstadt „Borbetomagus" im Siedlungsgebiet der keltischen Vangonen („Wonnegau") zurück. Seit dem frühen 7. Jahrhundert Bischofssitz, wurde das Bistum 1801 aufgelöst und Worms dem Bistum Mainz zugeordnet. Seit 1925 trägt der Dom den Titel einer „Basilica minor" und wird von einem Propst geleitet.*

Seine Gestalt erhielt der Dom im 12. Jahrhundert.

*Vor dem Südportal steht die Statue von Bischof Burchard (1000–1025), der nach merowingischen und karolingischen Vorgängerbauten den doppelchörigen Dom mit heutigem Grundriss erbauen ließ. Die bis heute bewahrte spätromanische Gestalt erhielt der Dom im 12. Jahrhundert. Im Inneren beeindrucken der barocke Hochaltar von Johann Balthasar Neumann sowie gotische Reliefs im nördlichen Seitenschiff und der Dreijungfernstein in der Nikolauskapelle. Die mittelalterlichen Glasfenster wurden 1921 durch eine Explosion zerstört und im späten 20. Jahrhundert durch moderne Fenster von Heinz Hindorf ersetzt.*
*Worms verdankte seine Blütezeit im Mittelalter der engen Verbindung zunächst mit dem karolingischen, später dann dem salischen und staufischen Herrscherhaus. Die Salier hatten hier ihren Familiensitz und ihre Grablege (Sarkophage in der Saliergruft). Worms war seit 1184 Reichsstadt und auch Schauplatz bedeutender politischer Ereignisse: 1122 wurde hier das Wormser Konkordat geschlossen. 1521 verteidigte sich Martin Luther auf dem Reichstag zu Worms. In Erinnerung daran und im Blick auf die Bedeutung der Stadt für die Ausbreitung der Reformation nennt sich Worms auch „Lutherstadt".*
*Besonders stolz ist die Stadt, dass Teile der Handlung des zu Beginn des 13. Jahrhunderts niedergeschriebenen Nibelungenlieds in Worms spielen. In Anlehnung an den Königinnenstreit zwischen Kriemhild und Brünhild vor einem Kirchgang veranstaltet Worms seit 2002 vor dem Dom die allsommerlichen Nibelungen-Festspiele.*

*Tipp: Im Süden des Doms befindet sich das Museum der Stadt Worms im romanischen Andreasstift, Weckerlingplatz 7. Südwestlich befindet sich*

Martinusweg-Beschilderung an der Südwestecke und …

… Martinmedaillon außen an der Stiftskirche

*der Jüdische Friedhof Heiliger Sand mit Grabsteinen aus dem 11. Jahrhundert. Sichtfenster vom Willy-Brandt-Ring aus gewähren Einblicke in den ummauerten Friedhof, der zu bestimmten Öffnungszeiten besichtigt werden kann. Mehr Informationen: Seite 163 ff.*

Unsere Route führt noch vor dem Gotteshaus über den Marktplatz nach rechts, quert die „Stephansgasse / Petersstraße" und erreicht über die „Kämmererstraße" unser heutiges Ziel: die Stiftskirche Sankt Martin.

*Sehenswürdigkeit Stiftskirche St. Martin Worms*

*Wohl im Jahr 356 versammelte der römische Kaiser Julian Apostata Truppen in der Nähe von Worms, um einen Vorstoß der Germanen abzuwehren. Unter diesen Truppen war auch die Kaiserliche Garde, in der der Offizier Martin seit 334 diente. Martin hatte sich 351 taufen lassen. Als nun der Kaiser vor Beginn der Kämpfe seinen Soldaten die übliche Kampfeszulage (donativum) überreichte, verweigerte Martin die Annahme und bat stattdessen um Entlassung aus dem Militär: „Bis heute habe ich für dich gekämpft. Nunmehr lass mich jetzt für Gott kämpfen. Das Donativum mag der Mann erhalten, der zu kämpfen bereit ist. Ich bin jetzt Christi Soldat. Mit der Waffe darf ich nun nicht mehr kämpfen." Stattdessen wolle er sich „ohne Waffen vor die Schlachtreihe stellen", denn feige sei er nicht. Daraufhin befahl Julian, Martin einzusperren, damit dieser anderntags sein Versprechen, waffenlos dem Feind entgegenzutreten, einhalten würde. Am anderen Morgen jedoch ergaben sich die Germanen kampflos, so berichtet es Sulpicius Severus. Martin, dessen 25-jährige Dienstzeit abgelaufen war,*

Südportal der Stiftskirche St. Martin ...

*wurde aus dem Heeresdienst entlassen. Die romanische Kirche St. Martin in Worms erinnert an dieses Ereignis.*

*Quellen vom 15. bis 17. Jahrhundert bezeugen, dass die Martinspilger damals zu einem Bau am nördlichen Seitenschiff strömten, in dem der einstige Kerker zu einer „schönen Kapelle" umgewandelt worden sei. Hier zeigte man auch die wichtigste mittelalterliche Reliquie: die Martinsstola. Heute wird sie in der Schatzkammer des Stiftsmuseums in Aschaffenburg aufbewahrt. Während des Pfälzischen Erbfolgekrieges im Jahr 1689 wurde die nördliche Pilgerkapelle zerstört.*

*Neueste Überlegungen ziehen die Kapelle im Obergeschoss der Südwest-Fassade als ursprünglichen Ort des „Martinskerkers" in Erwägung. Als um 1000 unter Bischof Burchard die Kirche mit ihrem dreischiffigen Grundriss neu gebaut wurde, wurde im Westbau unter dem südlichen Turmstumpf nämlich sehr altes, vielleicht spätantikes Mauerwerk übernommen. Die Kirche erhielt im Laufe des 12./13. Jahrhunderts ihre heutige Gestalt, wobei der Wormser Petersdom sichtlich als Vorbild diente.*

*Von der einstigen Pracht der Kirche zeugen das reich dekorierte Westportal (um 1230) mit Löwen- und Drachenfiguren an den Kapitellen sowie das ein wenig ältere, mit prächtiger Pflanzenornamentik ausgestattete Südportal. Das schlichtere romanische Nordportal führt zum idyllischen Innenhof mit Resten des Kreuzgangs. Die einst reichen Wandmalereien aus verschiedenen Jahrhunderten gingen im 2. Weltkrieg verloren. Einzig erhaltenes Stück der mittelalterlichen Ausstattung ist die um 1300 entstandene thronende Madonna mit Kind. Grabdenkmäler bezeugen, dass St. Martin einst Grablege vor allem der Ministerialen-*

... Etappenziel in Worms

*familie Kämmerer war. Barocke Seitenaltäre und Kanzel stammen aus dem ehemaligen Kloster Maria Münster. Der Sandstein-Altar mit eingelassener Martinsreliquie wurde 1968 von Gustav Nonnenmacher gestaltet. Von ihm stammt auch die Betonbrüstung der Westempore mit Motiven aus dem Leben des heiligen Martin. Richard Stumm schuf 1969 das Triumphkreuz in der Tradition romanischer Großkreuze. Ab 1967 erhielt die Kirche neue Glasfenster von Heinz Hindorf. 1973/74 schenkte der Bischof von Tours der Kirche eine weitere Martinsreliquie, die in ein von Hans Michael Kissel geschaffenes, den Martinsmantel symbolisierendes Reliquiar gefasst wurde.*

*Sehenswertes abseits der Route: Jüdisches Viertel mit Raschihaus Worms*
*Das Judenviertel grenzt direkt östlich an das Martinsviertel. Folgt man der „Martinsgasse" vom Westportal von St. Martin in nordöstlicher Krümmung entlang der früheren Stadtmauer, gelangt man nach Überqueren der „Friedrichstraße" (früherer Standort des nördlichen Martins-Stadttors) direkt in die „Judengasse" und damit auch zum „Synagogenplatz", zum Raschihaus mit Jüdischem Museum und den umliegenden steinernen Zeugen der jüdischen Geschichte.*
*(Jüdisches Museum Worms, Hintere Judengasse 6) Mehr Informationen: Seite 163 ff.*

Im schattigen Schlossgarten Worms-Herrnsheim

8. ETAPPE

**WORMS – METTENHEIM** **20,7 KM / +114 M / -103 M / 5:15 H**

Start 5,9 28,2 36,7 52,2 68,4 83,1 97,8 118,5

## WÜSTENERFAHRUNG IM WEINBERG

**Aus der kulturell so reichen Stadt Worms führt unser Pilgerweg durch den Schlosspark in Herrnsheim wieder in die Weinberge. Kulturlandschaft nennt man auch das, was uns auf dieser Etappe erwartet: Weinreben hinter Weinreben. Asphaltierte Wege und kein Schatten – abgesehen von den Baum-Oasen im Schlosspark Herrnsheim, rings um die Bergkirche Osthofen und im Lambertuspark von Bechtheim. Wer hier im Sommer wandert, sollte sich wappnen mit ausreichend Wasser, Sonnenschutz und auch ein bisschen Geduld. Denn auch wenn der Wein in dieser Region für Kultur und Genuss steht: hier befinden wir uns inmitten einer ausgedehnten Monokultur. Zur Entschädigung locken urige Straußwirtschaften in den Gassen der pittoresken Weindörfer.**

GPS M08

Die Kirche St. Peter

Am Westportal der Stiftskirche Sankt Martin starten wir, gehen vor dem „Adenauerring" durch den Parkstreifen links, bis wir vor dem „Lutherplatz" mit Lutherdenkmal den „Adenauerring" nach rechts überqueren. Die „Wilhelm-Leuschner-Straße" leitet uns zum Bahnhof.

Durch den Haupteingang und über die Treppen zu den Bahnsteigen erreichen wir den Westausgang und gelangen über den „Auxerreplatz" an den ersten Kreisverkehr. Diesen überqueren wir, folgen der „Von-Steuben-Straße" über den nächsten Kreisverkehr und freuen uns, dass wir an der „Pfrimmanlage" nach rechts wieder von der Straße abweichen können. Sowohl der Zuweg zum „Rheinterrassenweg" als auch der „Lutherweg" zeigen hier Richtung Osthofen. Wie schon auf der letzten Etappe folgen wir dem
1,5 km Bach an seinem rechten Ufer, nun der Pfrimm.

Bald kreuzen wir die „Gaustraße" und bleiben auf dem Fußweg entlang der Pfrimm, bis wir hinter dem kleinen Spielplatz den Bach überqueren und uns dahinter rechts halten. Nun umrunden wir auf der „Schoppstraße" die Siedlung, gehen an der Bahnunterführung kurz nach links und dann auf der „Nikolaus-Reuß-Straße" nach rechts, bis wir rechts in die „Schäferstraße" abknicken. Hinter dem Haus mit der Nummer 31 nimmt uns nach links ein Fußweg auf, der uns schnurgerade vorbei an Sportstätten über zwei Straßen führt. Immer parallel der „Ernst-Ludwig-Straße" wandern wir schließlich auf dem Fußweg um **Worms-Herrnsheim** herum.

**Bei Schloss Herrnsheim verlassen wir Worms.**

Wir verlassen den Weg erst dort, wo nach links der Fußweg zum Schloss ausgewiesen ist. Diesen Schildern folgen wir ins Dorf und dort nach rechts. Über die „Kettengasse" und „Herrnsheimer Hauptstraße" gelangen wir an der Pfarrkirche St. Peter vorbei zum Schlosstor. 5,3 km

*Sehenswürdigkeit Schloss Worms-Herrnsheim und St. Peter*
*Herrnsheim ist bekannt für sein Schloss, einst Residenz der Herren von Dalberg. Das Schloss geht auf eine 1460 gebaute Burg zurück, die ab 1711 zu einem Barockbau umgestaltet wurde, der 1792 geplündert wurde. Aus den Ruinen ließ der Neffe des letzten Mainzer Kurfürsten, Emmerich Joseph von Dalberg, das Gebäude zu Beginn des 19. Jahrhunderts im Empire-Stil erbauen. Vorübergehend in Privatbesitz, gehört es heute der Stadt Worms.*
*Das Schloss ist ausgestattet mit einer wertvollen Innenausstattung mit Wand- und Deckengemälden, Parkettböden sowie farbigen Bildtapeten aus der Erbauungszeit. Die gut erhaltene Orangerie beherbergt heute ein Café. Unter dem Schlossherrn Wolfgang Heribert von Dalberg wurde der barocke Schlossgarten 1792 vom Architekten des Englischen Gartens in München, Friedrich Ludwig von Sckell, in einen Englischen Garten umgewandelt. Seitdem beeindrucken auf der 10,5 ha großen Anlage geschwungene Wiesenflächen, Waldstücke, Teiche, künstliche Inseln und überraschende Sichtachsen den Besucher. An heißen Tagen bieten die alten Bäume angenehme Schattenplätze.*
*Die südlich des Schlosses gelegene katholische Pfarrkirche St. Peter geht auf eine romanische Basilika aus dem 13. Jahrhundert zurück, deren Reste in den spätgotischen Bau (1470–92) integriert wurden. Als Grablege der Dalberger*

Beschilderung Rheinterrassenweg

Die Bergkirche auf dem Goldberg ...

*beherbergt sie ein gotisches Chorgestühl (1486) und eine Steinkanzel (1489). Einen modernen Akzent setzt der Altar des Pfälzer Künstlers Gernot Rumpf.*

Durch das Tor treten wir in das Schlossgelände ein und an der Orangerie vorbei in den Park, wo wir an einer Informationstafel auf den „Rheinterrassenweg" stoßen. Diesem werden wir in den nächsten Tagen immer wieder folgen. Das bedeutet gleich hier, dass wir nach rechts am Pavillon vorbeigehen, uns unten am Wasser links halten, dann an der kleinen Quelle, die von der Amorfigur geschützt wird, links hinauf und wieder rechts hinuntergehen. In den Querweg schwenken wir nach links ein, um an einer Straßenkreuzung den Park durch ein Holztor wieder zu verlassen. Gleich gegenüber führt ein Feldweg zu einer Wegkreuzung, wo wir den rechten unteren wählen. Jetzt haben wir die Stadt Worms endgültig hinter uns gelassen und befinden uns wieder zwischen Weinstöcken.

Wir halten uns nun immer nah an den Rebstöcken, bis wir einen Radweg kreuzen. Dahinter folgt der Martinusweg einem Feld entlang auf einen Strommast zu. Daran gehen wir vorbei und hinter der Straßenbrücke wandern wir zunächst geradeaus und wenden uns danach nach links. Dann nutzen wir die erste Gelegenheit, um rechts auf dem geschotterten Weg den Weinberg hinaufzusteigen. Knapp auf halber Höhe verlassen wir hier den „Rheinterrassenweg" für ein kurzes Stück, der links abzweigt, und gehen geradeaus auf die Höhe.

... darunter liegt Osthofen.

Ganz oben angekommen, treffen wir wieder auf den „Rheinterrassenweg" und folgen ihm zunächst geradeaus weiter und in den nächsten Weg nach rechts abwärts. Bald lösen Pflastersteine die Betonplatten ab, und nach der Linkskurve führt unser Weg wieder hinauf Richtung **Osthofen**, unserem nächsten Zwischenziel. Gleich nachdem wir den Absatz erklommen haben, wenden wir uns nach rechts, und, wo es geradeaus nicht weitergeht, nach links.

*Tipp: An der nächsten Abzweigung kann, wer möchte, einen Abstecher zum „Tisch des Weins", einem schönen Rastplatz, und zum „Weißen Häuschen", einem kleinen Wingertsturm, machen – unsere Hauptroute führt hier allerdings weiter geradeaus.* 10,7 km

Bald rechts eingeschwenkt, gelangen wir an eine Kreuzung, die wir geradeaus queren. Die Abzweigungen nach rechts ignorieren wir und folgen dem Feldweg mehr oder weniger geradeaus und am Ende durch eine S-Kurve bis zu einer Straße. Dort zweigen wir rechts ab und folgen dem „Rheinterrassenweg" links um den Friedhof auf dem Goldberg herum.

*Es lohnt sich, durch das Portal zu der von hohen Bäumen umgebenen Bergkirche aufzusteigen und den schönen alten Friedhof mit seiner Aussicht zu genießen.*

*Sehenswürdigkeit Bergkirche Osthofen*
*Inmitten eines parkähnlichen Friedhofs mit alten Grabsteinen liegt die Berg-*

**Schattenplätze sind oft rar in den Weinbergen.**

*kirche auf dem Goldberg. Bereits in fränkisch-merowingischer Zeit entstand in einem Gräberfeld an der Stelle der heutigen Kirche eine Kapelle, die dem heiligen Remigius geweiht war, im 11. Jahrhundert zudem eine später abgebrochene Burganlage. Die Seitenwände des Chors, der Triumphbogen und Turmunterbau der Bergkirche sind noch Reste der im 11. Jahrhundert entstandenen Pfeilerbasilika. 1230 wurde die heute als Sakristei dienende Katharinenkapelle angebaut. Teilweise sind die Fresken aus dem 13. Jahrhundert noch erhalten. Im Dreißigjährigen Krieg wurden Osthofen und seine Bergkirche niedergebrannt. Danach wurde das Dorf mit Menschen verschiedener Konfessionen neu besiedelt. Nachdem die Kirchenruine den Reformierten zufiel, erfolgte 1744 der notwendige Neubau. Die Kanzel mit Schnitzereien, die Gemälde an der Brüstung der Westempore mit biblischen Gemälden und die Stumm-Orgel sind aus dieser Zeit noch erhalten.*

Dahinter steigen wir links hinunter ins Dorf und nehmen vor der Bank an einer Mauer die gepflasterte Gasse zur Straße. Auf der „Friedrich-Ebert-Straße" wenden wir uns nach rechts.

*Sehenswertes Osthofen*

*In Osthofen hatten im 17./18. Jahrhundert die Lutheraner das frühere Rathaus zur Kirche umgebaut. Die Katholiken erwarben die alte Marienkapelle, die im 13./14. Jahrhundert im Besitz des Templerordens gewesen war, und bauten auf den gotischen Mauerkern die heutige Kirche St. Remigius.*
*Im ehemaligen KZ Osthofen befindet sich ein NS-Dokumentationszentrum mit*

Bechtheimer Basilika St. Lambertus

*einer Dauerausstellung über den Nationalsozialismus in Rheinland-Pfalz (Ziegelhüttenweg 33).*
*Die Miniaturburg Leckzapfen wurde 1891 auf dem gleichnamigen Weinberg erbaut. Das vor wenigen Jahren aufwendig restaurierte Bauwerk besitzt verblüffende Ähnlichkeit mit dem romantischen Märchenschloss Lichtenstein nahe der Schwäbischen Alb. 2011 wurde die Miniaturburg mit dem Titel „Schönstes Weinbergshäuschen Rheinhessens" ausgezeichnet.*

Hinter der kleinen ehemaligen Lutherkirche gehen wir nach links Richtung Bechtheim. 12,7 km

Unter der Miniaturburg Leckzapfen nehmen wir den Feldweg links von der Straße weg. Nun wandern wir bis zu einem alten Fabrikgebäude, an dem wir rechts abbiegen. Bevor wir auf eine diagonal querende Straße treffen, gehen wir im rechten Winkel links.

Wo die Weinberge enden und das Feld beginnt, folgen wir dem Feldweg nach rechts bis zur Straße und biegen davor wieder scharf links ab. Bei der nächsten Gelegenheit, gegenüber der ersten großen Halle, wenden wir uns nach rechts und gehen auf **Bechtheim** zu.

Unsere Route leitet uns zunächst nach rechts und wieder links, sodass wir die alte Eisenbahnbrücke unterqueren und vor „Haus Sieglinde" nach rechts in die „Riederbachstraße" gelangen. Weiter geht es über die „Aegidiusstraße"

Madonna im Kirchgarten

und dann vor der massiven historischen Hofanlage rechts bergauf. Durch das Tor treten wir in den „Lambertuspark" unterhalb der Basilika, zu der wir
17,1 km nun aufsteigen.

*Sehenswürdigkeit Basilika St. Lambertus Bechtheim*

*Die schöne, für ein Dorf unerwartet große romanische Basilika St. Lambertus wurde jüngst zur Feier ihres 1.000-jährigen Bestehens renoviert. Im Mittelalter lag sie an einem überregionalen Pilgerweg und war selbst ein bedeutender Wallfahrtsort, der viele Menschen anzog. Als das Kirchengebäude dafür zu klein geworden war, baute man im 12. Jahrhundert die größere heutige Kirche mit ihrem mächtigen Turm. Reste der ottonischen Kirche wurden dabei mitverbaut.*

*Die Augustinerchorherren auf dem Ägidiusberg bei Lüttich hatten bis zur Reformation das vom Bischof von Lüttich verliehene Recht, die Pfarrei zu besetzen. So kam die Kirche zu ihrem Patron, dem heiligen Lambertus, Bischof von Maastricht, der in Lüttich verehrt wurde. Dort war er um 700 erschlagen worden, der Legende nach im Auftrag von König Pippin, weil Lambertus dessen Ehebruch kritisiert hatte. Die Wandmalerei aus dem 13. Jahrhundert in einer Nische an der Nordwand des Hochchors zeigt sein Martyrium. Eine Stollenkrypta unter dem erhöhten Chor erlaubte es den Pilgernden, unter dem Altarraum mit den Reliquien hindurchzugehen. Es gibt hier noch Reste gotischer Wandmalerei.*

*Nach der Reformation wurde die Basilika 1684 bis1910 als Simultankirche genutzt. Danach zogen die Protestanten in eine eigene neubarocke Kirche, die neben der ehemaligen Synagoge Bechtheims liegt.*

*Nördlich und südlich der Lambertusbasilika befinden sich zwei historische*

Blick zurück auf Bechtheim

*Brunnenanlagen, der Lambertus- und der Ägidiusbrunnen, die den Wallfahrern zur Erfrischung dienten. Auch heute können Pilgernde im Garten der Basilika an einem Trinkwasserhahn ihre Vorräte auffüllen.*

Hinter dem Kirchhof überqueren wir den Marktplatz, schwenken in die Durchgangsstraße nach rechts ein und gehen geradeaus Richtung „Wartsteigerhof".

Dahinter ist auf halber Höhe auf einem braunen Schild erstmals Mettenheim nach rechts beschildert, und dem Plattenweg folgen wir bergauf und gehen für längere Zeit geradeaus. Auch an der Kreuzung mit einem Plattenweg und einem Schotterweg halten wir unsere Richtung bei.

*Wenn die Sicht gut ist, sehen wir jetzt nicht nur die Silhouette des Odenwaldes, sondern rechts auch unseren heutigen Ausgangspunkt, die Stadt Worms mit ihren Kirchen.*

Am Picknickplatz unter dem Wahlnussbaum gehen wir links auf den Asphaltweg.

An der nächsten Kreuzung wenden wir uns talwärts und nehmen an dem Picknickplatz unter der Ulme nun den linken Feldweg bergab auf **Mettenheim** zu. Nach einem Hohlweg biegen wir dorfwärts nach rechts ab in einen weiteren Hohlweg. An dessen Ende erreichen wir unser heutiges Ziel am Dorfrand von Mettenheim.

*Einer der Hohlwege*

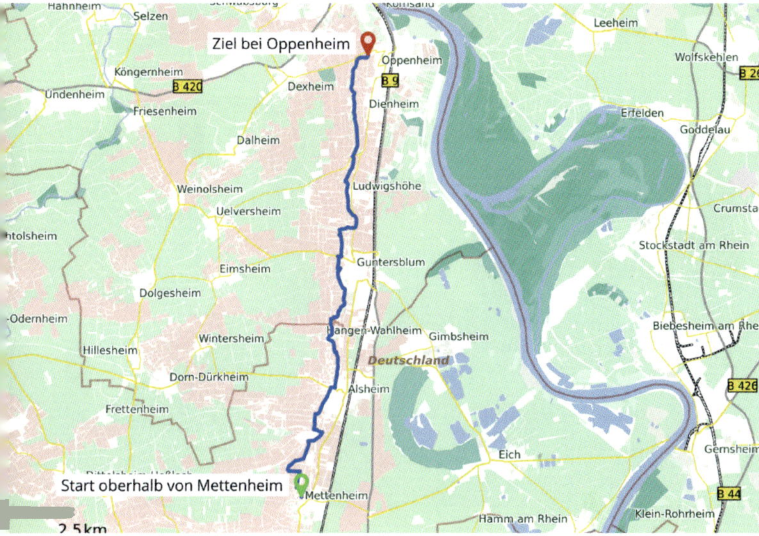


9. ETAPPE

**METTENHEIM – OPPENHEIM** **16,1 KM / +251 M / -231 M / 4:15 H**

Start 5,9 28,2 36,7 52,2 68,4 83,1 97,8 118,5 134,6

## DURCH DIESE HOHLE GASSE …

Zwischen Mettenheim und Alsheim führt der Martinusweg durch viele Hohlwege – eine Besonderheit dieser Region mit zahlreichen außergewöhnlichen Tier- und Pflanzenarten. Die Landschaft wird abwechslungsreicher und lieblicher. Die Ruine der Maria-Magdalena-Kirche in Hangen-Wahlheim, der Vögelsgärtenbrunnen mit seinem Obstgarten und der Krötenbrunnen bieten Sehenswürdigkeiten zwischen den beiden historischen Orten Mettenheim und Oppenheim. Auf die Silhouette mit der Katharinenkirche zuzupilgern, ist ein besonderes Erlebnis: Nicht umsonst gilt sie als einer der wichtigsten gotischen Kirchenbauten zwischen Straßburg und Köln.

GPS M09

Rasthaus am Wegrand

Heidenturm Pfarrkirche Alsheim

An unserem heutigen Startpunkt, dessen Zuweg vom Bahnhof in Mettenheim beschildert ist, wird das nächste Zwischenziel Alsheim schon angezeigt. An einem schmucken Weinberghäuschen vorbei gehen wir durch den Hohlweg bergan, nutzen aber die erste Abzweigung nach rechts und wandern weiter aufwärts.

*Tipp: Das kleine Häuschen am Odenwaldblick bietet Schatten und Aussicht, inklusive Panoramatafel.*

Kurz danach biegen wir hinter dem Funkmast links ab, überqueren die Kuppe und wenden uns an der T-Kreuzung nach rechts. Am Querweg führt die Route schräg rechts auf **Alsheim** zu, das in der Ebene vor uns liegt.

Wir folgen dem Feldweg bis zu der Stelle, an der er asphaltiert weiterführt. Dort leitet uns der gepflasterte Weg nach links talwärts. Am Ende des Hohlwegs treffen wir auf eine Straße, in die wir nach rechts einschwenken. Hinter dem Bach an der fünfarmigen Kreuzung wenden wir uns zuerst nach links und gehen dann rechts hinauf. Der asphaltierten Straße folgen wir nach rechts, dann nach links und gleich wieder rechts. Der nächste Hohlweg führt uns nach rechts, wo wir auf halber Höhe an Alsheim vorbei wandern.

*Sehenswürdigkeit „Heidenturmkirchen" in Alsheim und Guntersblum*
*Besonderheiten in Alsheim und Guntersblum sind die „Heidentürme". Sie wer-*

Heidentürme Pfarrkirche Guntersblum

Kunstprojekt Neusehland

*den im Volksmund so genannt, weil die Turmbekrönungen stark an orientalische Vorbilder erinnern. In Alsheim ist dies die evangelische Pfarrkirche östlich der Wegstrecke. Der gedrungene Westturm der ehemaligen St. Bonifatius-Kirche stammt aus der Entstehungszeit des romanischen Saalbaus um 1200. In Guntersblum ist es ebenfalls das evangelische Gotteshaus (ehemals St. Viktor). Es wurde um 1100 als Basilika mit Doppelturmfassade errichtet. Zwei weitere Heidenturmkirchen gibt es in Dittelsheim und in Worms. Die Wormser St. Paulus-Stiftskirche mit ihren Kuppeldächern könnte der Prototyp dieser Bauweise gewesen sein. Untersuchungen des Bauholzes in einigen dieser Bauten lassen vermuten, dass die „Heiden"- oder auch „Sarazenentürme" in den Jahren nach dem Ersten Kreuzzug (1096–1099) gebaut wurden. Vielleicht ließen heimkehrende Teilnehmer des Kreuzzugs sie errichten in Erinnerung an Jerusalem.*

Dann teilt sich am Kunstprojekt Neusehland der „Rheinterrassenweg": Auf dem Zuweg kann man rechts in den Ort Alsheim absteigen, die Hauptroute führt links weiter bis zu einem weiteren Hohlweg, auf dem wir zur Straße gelangen. 4,0 km

Diese wandern wir rechts hinunter bis zum „Wahlheimer Weg". Wo dieser außerhalb des Dorfes endet, führen zwei Wege weiter. Wir wählen den ersten, der oberhalb der Abbruchkante an der Kelter vorbeiführt. Der Hohlweg leitet uns dann links hinauf, und wir nutzen die erste Abzweigung nach rechts – vorbei am Panoramablick bei einem weiteren „Tisch des Weines". Gleich dahinter gehen wir geradeaus, dort, wo die „Weinaroma-Meile" endet.

6,3 km

In der kleinen Ortschaft **Hangen-Wahlheim** wenden wir uns nach rechts, und wer möchte, stattet der Ruine der Maria-Magdalena-Kirche einen Besuch ab. Der kurze Abstecher ist ausgeschildert.

*Sehenswürdigkeit Kirche Maria Magdalena Hangen-Wahlheim*
*Ein schmiedeeisernes Tor führt zum kleinen Friedhof, in dessen Mitte die winzige Kirchenruine Maria Magdalena liegt. Statt eines Daches überwölbt der Himmel das Kirchlein. Eine erste romanische Kirche aus dem 13. Jahrhundert wurde im 15. Jahrhundert gotisch umgebaut und diente als Pfarrkirche. In der Reformation wurde die Kirche aufgegeben und vermutlich im Pfälzer Erbfolgekrieg 1689 zerstört. Die im Giebel der Westwand hängende Glocke wurde 1821 gegossen. Ende der 1990er Jahre gründete sich ein privater Förderverein, der die Ruine von Wildwuchs befreite und das Gemäuer sicherte. Frisch renoviert konnte sie am 6. Juli 2003 wieder eingeweiht werden.*

8,1 km

Weiter geht es hinter dem „Brandnerhof" links und an den beiden folgenden Gabelungen erneut links. Wir gelangen an die „Rumpelsborn" genannte Quelle unter einer Kastanie, an der wir uns nach rechts wenden. Vor der Aussichtsplattform „Leckbartshaisje", von der aus wir den nahen Rhein hinter den Bäumen erahnen können, wandern wir rechts, genauso wie an der nächsten Kreuzung. Vor dem großen Felsen nehmen wir den ersten Weg nach links. Er führt uns bis zum Abstieg nach **Guntersblum**. Der Martinusweg folgt aber dem „Weinlehrpfad" an der Gabelung links.

Vögelsgärtenbrunnen

Hinter der großen Informationstafel geht es links hinauf und dann auf dem oberen Weg rechts. Nun wandern wir rechts auf gleicher Höhe bis zur Straße, der wir für gut 50 Meter abwärts folgen müssen (auf der linken Straßenseite!). Dann überqueren wir die kleine Steinbrücke nach links und erklimmen den Hohlweg zum „Römerturm". Dahinter wählen wir den schmalen gepflasterten Pfad geradeaus, der leicht bergab bis zu einer Kreuzung führt. Dort zweigen wir rechts ab, gehen in der Senke geradeaus und hinter dem Bachtal rechts auf den Wiesenweg zum historischen Vögelsgärtenbrunnen. 10,1 km

*Hinweis: Brunnen und Bäche des Rheinhessischen Quellhorizonts*
*Der Vögelsgärtenbrunnen mit den umgebenden Obstgärten bietet einen schönen Platz für eine Rast. Er ist einer von vier Brunnen in Guntersblum, doch scheint er mit seinen beiden Gewölben, einem Sandsteintrog und Sandsteingerinne der wichtigste gewesen zu sein. Über dem Brunnenbecken findet sich der Widmungsstein von 1815. Sein Name kommt ursprünglich vom Kirchenpatron St. Viktor und hat sich im Laufe der Zeit im Dialekt zu „Vögel" verändert.*
*Später werden wir Oppenheim und den Krötenbrunnen passieren. Der Brunnen geht auf das 16. Jahrhundert zurück und diente einst der Wasserversorgung. Seine heutige Form erhielt er 1976 mit einer kunstvollen Krötenskulptur von Markus Sandmann. Oberhalb des Brunnens kann man auch einen Blick in den Brunnenstollen werfen.*
*Diese und weitere Brunnen gehören zum sogenannten Quellhorizont an den nördlichen Ausläufern des Rheinhessischen Hügellandes. Die Quellen bilden sich an den Abbruchkanten einer wasserstauenden Schicht.*

*Am Vögelsgärtenbrunnen*

Dahinter wählen wir von den drei möglichen Wegen den mittleren durch einen alten Obstgarten und biegen dann rechts ab. Das kleine Sträßchen leitet uns hinunter zur Landstraße, vor der wir links weitergehen.

Nachdem der Weg auf Straßenniveau heruntergeführt hat, nehmen wir an der dreiarmigen Gabelung den linken Weg, nur um sofort rechts abzubiegen. Auch in das Dorf **Ludwigshöhe** weist der „Rheinterrassenweg" einen Weg aus. Unsere Hauptroute führt weiter geradeaus Richtung Dienheim.

Wo es rechts noch einmal hinunter nach Ludwigshöhe geht, leitet uns gleich danach ein Weg links bergauf. An der nächsten Kreuzung wenden wir uns nach rechts und halten oben die Richtung bei, sodass wir wieder leicht bergab wandern.

Immer geradeaus überqueren wir bald eine Straße, auf deren anderer Seite
12,7 km wir nach rechts gehen. Hinter der Biegung haben wir dann zum ersten Mal Sicht auf Oppenheim. Wir gehen darauf zu und wandern geradeaus und dann am Querweg rechts, sodass wir die beiden Abstiege nach **Dienheim** passieren.

Noch einmal steigt unsere Route an und senkt sich oben über den Querweg wieder nach rechts hinunter. Hinter der Senke führt der „Rheinterrassenweg" geradeaus.

Wir nähern uns Oppenheim

*Hinweis: Wer in die Oppenheimer Altstadt möchte, kann auch hier schon dem beschilderten Weg nach rechts folgen.*

Der Martinusweg hält sich aber wie der „Rheinterassenweg" geradeaus. Am Krötenbrunnen vorbei nähern wir uns so ebenfalls Oppenheim. Kurz vor dem Ort wenden wir uns an der Kreuzung nach links und erreichen am Zustieg nach **Oppenheim** das Ende dieser Etappe.

*Sehenswertes Oppenheim*

*Die Geschichte Oppenheims reicht bis ins frühe 6. Jahrhundert zurück. Im letzten Drittel des 11. Jahrhunderts war Oppenheim bevorzugter Aufenthaltsort der Könige und 1225–1315 als Reichsstadt direkt dem König unterstellt. Es war Schauplatz zahlreicher Fehden, vor allem aber Opfer ausländischer Heere während des Dreißigjährigen Kriegs und des Pfälzischen Erbfolgekriegs, bis zur vollständigen Zerstörung am 31. Mai 1689 durch die Franzosen. Was danach innerhalb der Stadtmauern wieder aufgebaut wurde, ist bis heute aller Beachtung wert, wie das erst vor wenigen Jahrzehnten wiederentdeckte und nur in kleinen Teilen restaurierte, 40 Kilometer umfassende Kellerlabyrinth unter der Altstadt.*

*Oppenheim hat zwei gotische Kirchen, die unterschiedlicher nicht sein könnten: die eindrucksvolle Katharinenkirche und die bescheidene Bartholomäuskirche, die ehemalige Franziskanerkirche. Dem Armutsideal des Bettelordens verpflichtet, ist St. Bartholomäus eine einfache Saalkirche mit Dachreiter. Der Chor ist abgeknickt, um dem Straßenverlauf in der engen Altstadt zu folgen, die Lang-*

Am Krötenbrunnen

*hausnordwand nach innen gekrümmt. Eine Besonderheit stellt die Marienkapelle dar, die im Beuroner Stil ausgemalt ist.*

*Die hoch aufragende evangelische Katharinenkirche gilt als bedeutendster gotischer Kirchenbau zwischen Straßburg und Köln. Der Bau wurde in der ersten Hälfte des 13. Jahrhunderts begonnen und bis 1439 abgeschlossen. Teile der Inneneinrichtung fielen schon dem reformatorischen Bildersturm zum Opfer, doch erst im Pfälzischen Erbfolgekrieg wurde die Kirche schwer beschädigt, woraufhin sie einstürzte. Die Restaurierung erfolgte im 19. und 20. Jahrhundert. In der Südfassade findet sich ein Glasrundfenster, dessen spätmittelalterliche Glasscheiben noch weitgehend original erhalten sind: die Oppenheimer Rose mit dem Stadtwappen des Reichsadlers in der Mitte. Das andere Rundfenster der Südfassade, das Lilienfenster mit Wappen reformatorischer Oppenheimer Adelsfamilien, wurde 1937 verglast. Im Innern der Kirche sind außerdem zahlreiche Grabdenkmäler mit Bildnisfiguren erhalten.*

*Wenn das Katharinenlädchen besetzt ist, kann man eine Eintrittskarte für die Aussichtsplattform im Vierungsturm erwerben.*

*An der Nordseite der Kirche steht auf dem ehemaligen Friedhof die gotische Michaelskapelle. In ihrem Untergeschoss sind die Gebeine von etwa 20.000 Oppenheimer Bürgern aus den Jahren 1400 bis 1750 aufgeschichtet. Über die Außentreppe gelangt man in einen Garten, der wie ein Klostergarten mit vielen biblischen Pflanzen und alten Rosensorten angelegt ist.*

Katharinenkirche

In Nierstein stehen wir zum ersten Mal direkt am Fluss.

10. ETAPPE

**OPPENHEIM – BODENHEIM** **16,1 KM / +258 M / -259 M / 4:15 H**

Start · 5,9 · 28,2 · 36,7 · 52,2 · 68,4 · 83,1 · 97,8 · 118,5 · 134,6 · 150,7

## AM RHEIN

**So nah wie auf dieser Etappe sind wir dem Rhein bisher noch nicht gekommen. Von einem Aussichtspunkt zum anderen wandern wir zwischen Nierstein und Nackenheim durch die Weinlagen am berühmten Roten Hang. Aber auch schon davor hat diese Etappe Besonderes zu bieten: wenn sich nämlich hinter der beeindruckenden Ruine der Burg Landskron die Perspektive ändert. Plötzlich ist der Blick nach Norden über das malerische Nierstein frei – mit seinen beiden sehenswerten Kirchen St. Martin und St. Kilian.**

GPS M10

Oppenheim von Burg Landskron aus gesehen.

Am Ende des Zustiegs aus Oppenheim beginnen wir unsere Tageswanderung auf dem Martinusweg nach Bodenheim. Zunächst überqueren wir die Straße oberhalb des Friedhofs. Rechts unter uns liegt die Stadt, und wir lassen uns den Abstecher zur Burgruine Landskron rechter Hand keinesfalls entgehen.

*Von dort haben wir noch einmal beste Aussicht auf den Ort und auf das ganze Rheintal.*

*Sehenswürdigkeit Burgruine Landskron Oppenheim*
*Ihren Namen „Landskron" erhielt die Burg erst 1668 – da hatte die Anlage bereits viele Veränderungen hinter sich: von einer staufischen Verteidigungsanlage über den Bau der „Reichsburg Oppenheim" im 13. Jahrhundert bis zum schlossartigen Umbau 1615. Die Veränderungen gingen einher mit vielen Zerstörungen, im Mittelalter zunächst durch die Bürger von Oppenheim selbst, später durch die Kriege des 17. und 18. Jahrhunderts. 1689 verwüsteten französische Truppen die Burg samt Bergfried, und die Ruine diente fortan nur noch als Steinbruch. Die verbliebenen Mauern des dreigeschossigen Palas aus dem16. Jahrhundert und der 40 Meter tiefe Brunnen aus dem 13. Jahrhundert sind aber bis heute eindrucksvoll. Die Kulisse wird für Theateraufführungen, Konzerte und Mittelaltermärkte genutzt.*

Unser Weg führt uns auf den Platten weiter bergauf, zweigt dann rechts ab und folgt dem Schotterweg nach links. So erreichen wir eine alte Wander-

Martinskirche in Nierstein

Niersteiner Pfarrkirche St. Kilian

tafel: „Wanderweg nach Nierstein am Rhein". Hier pilgern wir nach rechts mit plötzlich ganz neuer Perspektive. Bald sehen wir vor uns die Niersteiner Kilianskirche, folgen dem abknickenden Weg nach links und biegen dann rechts ab. Mit Blick auf den Rhein, auf Frankfurt und den Taunus wandern wir talwärts auf **Nierstein** zu, wenden uns gegenüber dem großen Weingut nach links und davor nach rechts hinunter in die kleine Stadt. Dort gehen wir gleich geradeaus in den Fußweg durch den kleinen Grünstreifen und schwenken dahinter auf die „Wörrstadter Straße" nach rechts ein.

Über die Fußgängerampel geht es in die „Corneliusstraße" nach links, wir überqueren die „Mozartstraße" und nutzen den Fußgängerweg, um nach rechts neben der Straße weiterzuwandern. Die „Bildstockstraße" führt uns nach links für lange Zeit geradeaus, bis sie zur „Schmiedgasse" wird. An ihrem Ende gehen wir geradeaus weiter auf dem Fußweg und dann nach rechts in „Fronhof". Nun stehen wir vor der Niersteiner Martinskirche. 3,5 km

*Sehenswürdigkeit Martinskirche mit Bibelgarten Nierstein*
*Die Martinskirche steht auf einem seit Urzeiten genutzten Gelände: zunächst von den Römern mit einem Staatsgut, dann von den Franken mit einem Königsgut, das zu einer Pfalz mit Saalhof umgebaut wurde und für die im 8. Jahrhundert eine Marien- bzw. Peterskapelle bezeugt ist. Um 1000 wurde auf dem Grundstück der ehemaligen Pfalz die Martinskirche erbaut. Durch die noch vorhandene Ummauerung des Saalhofes diente sie als Wehrkirche für Nierstein, das keine Stadtmauern hatte. Von diesem Gebäude steht heute nichts*

**Im historischen Ortskern von Nierstein**

*mehr. Der romanische Chorturm aus dem 12. Jahrhundert ist der älteste erhaltene Teil der Kirche, wurde aber mehrfach verändert. 1370 erfolgte ein Neubau, 1563 ein weiterer, bei dem auf den alten Chorturm zusätzliche Geschosse aufgesetzt wurden. Im 17. Jahrhundert wechselten die konfessionellen Zuständigkeiten, und 1689 erlitt auch die Martinskirche Kriegsschäden. Die baufällige Kirche wurde, abgesehen vom Turm, 1782 abgerissen und bis 1787 neu gebaut. Ein weiterer Umbau erfolgte 1895/96. Nach jüngeren Renovierungen der evangelischen Pfarrkirche wurde auch die mittelalterliche Wehrmauer gründlich saniert. Mitten in der pittoresken Altstadt gelangt man heute durch die Tore dieser Mauern in den meditativen Bibelgarten rings um die Martinskirche und kann in der für Besucher offenen Kirche u. a. einen gotischen Taufstein betrachten. Die bunt bemalten Fenster wurden 1896 von Niersteiner Bürgern gestiftet.*

Über den Kirchhof oder hinter der Mauer links führt unsere Route weiter zum „Marktplatz" und an dessen Ende links in die „Karolingerstraße". Geradeaus gehen wir bis zu einem kleinen Parkplatz, von wo der Martinusweg über „An der Bergkirche" auf die Kilianskirche zuführt.

*Sehenswürdigkeiten Kirche St. Kilian, Glöck und Roter Hang Nierstein*
*Der Kiliansberg war schon zu germanisch-römischer Zeit eine Kultstätte. Die weithin sichtbar in den Weinbergen gelegene katholische Kirche war ursprünglich Maria geweiht. 742 schenkte der Hausmeier Karlmann den Ort und die Kirche dem Würzburger Bischof Burkard, so dass sie in der Folge das Patrozinium des Patrons des Bistums Würzburg, des heiligen Kilian, erhielt. Nach einem*

Die Kirche liegt direkt an der historischen Weinbergslage Glöck.

*Blitzschlag brannte das Gebäude vollständig nieder und wurde 1772 bis 1774 neu gebaut. Nur das Untergeschoss des romanischen Chorturms sowie ein an der Nordostecke vermauerter Stein mit Ornamenten stammen wohl noch aus der Karolingerzeit. Sehr alt dürfte auch eine kleine Krypta unter dem Hochaltar sein. Der Hochaltar wurde im 19. Jahrhundert gefertigt. Durch den tagsüber geöffneten Vorraum gelangt man in die 1963 als Taufkapelle angebaute Marienkapelle. Ein buntes Glasband, eine Lichtkuppel und Opferkerzen vor der Muttergottes tauchen den Raum in ein stimmungsvolles Licht.*
*Zu Füßen der Kirche breitet sich die Weinlage Glöck aus, die damit wirbt, die älteste urkundlich erwähnte Weinlage in Deutschland zu sein. Ob ihr Name vom Geläut der Kilianskirche stammt oder weil der Glöckner mit dem Wein aus der Lage bezahlt wurde, ist unklar.*
*Der nördlich über der Glöck hoch aufragende „Rote Hang" entstand vor über 280 Mio. Jahren durch den Einbruch des Rheingrabens zwischen dem Mainzer Becken und dem Oberrheingraben. Für die rötliche Färbung des Gesteins dieser bekannten Weinbergslage sorgen eingelagerte Eisenverbindungen.*

*Gegenüber der Kirche führt ein Tor auf die Weinbergslage Glöck. Von hier hat man einen wunderbaren Blick zurück auf die Stadt und auf den nahen Rhein.*

Der Wanderweg führt um den Kirchhof herum und dahinter hinauf. Hier läuft unser Pilgerweg parallel zu dem Wanderweg „Weinerlebnis Roter Hang". Kurz hinter der Kirche erreichen wir einen asphaltierten Weg, und die

Der Pilgerweg führt über die berühmte Lage „Roter Hang".

Markierungen leiten uns schräg gegenüber wieder auf einen Wiesenweg. In den Querweg biegen wir nach rechts ab und gehen auf die Weinbergslage Delberg zu. An der Straße wenden wir uns nach links und gelangen so an einen Picknick- und Aussichtsplatz am Roten Hang. Daran rechts vorbei und
5,0 km dann rechts hinauf erreichen wir einen einzigartigen Aussichtspunkt.

*Hier genießen wir das Panorama vom Taunus im Norden über die Frankfurter Skyline bis zum Odenwald und zurück nach Nierstein – und natürlich den Blick auf den Rhein direkt unter uns.*

Hinter der „Föckenberghütte" bleiben wir weiterhin an der Hangkante. Auch dort, wo uns der „Weinerlebnispfad Roter Hang" nach rechts verlässt.

*Tipp: Es empfiehlt sich, diesen Wanderweg bis zum „Humboldtblick" zu bevorzugen und von dort links wieder zum „Rheinterrassenweg" aufzusteigen.*

Wo also der „Humboldtblick" rechts unter der Hauptroute unseres Pilgerwegs liegt, wenden wir uns nach links und in den nächsten Asphaltweg nach rechts. Gleich an der nächsten Abzweigung nutzen wir die Gelegenheit, uns wieder dem Rhein zu nähern. An der Gabelung nehmen wir den Aufstieg und gehen oben geradeaus bis zum Aussichtsplatz auf dem Brudersberg. Auf dem Asphaltweg erreichen wir die Weinlage Pettenthal und wenden uns nach dem Schriftzug am Hang links hinauf, bevor wir gleich rechts einbiegen. Vorerst halten wir uns geradeaus und erreichen die Weinlagen von

Hinter uns liegt Nierstein.

So rot ist der Rote Hang.

**Nackenheim**. Immer noch gehen wir geradeaus und verlieren hinter der Kuppe Nierstein aus dem Blick. Dafür taucht nun der Taunus vor uns auf.

Unter dem nächsten Aussichtspunkt befindet sich die Insel Kisselwörth. Ein Stück weiter – an dem Stein, der an die Flurbereinigung erinnert – pilgern wir nach links auf ein Wegkreuz zu. Davor knickt unsere Route nach rechts in Richtung Nackenheim ab. Wir folgen der kleinen Straße abwärts an der Bergkapelle vorbei und zweigen unten rechts ab auf die „Weinbergstraße". 10,0 km

Auf der anderen Seite der Durchgangsstraße steigen wir die Stufen zur Kirche hinauf und anschließend links weiter am Ehrenmal vorbei.

*Sehenswürdigkeit Kirche St. Gereon Nackenheim*
*Der Treppenaufstieg nach St. Gereon beginnt am alten Schulhaus, einem Heimatmuseum mit Ausstellungen u. a. zur Geschichte der Gemeinde Nackenheim und ihrem berühmten Sohn Carl Zuckmayer (1896–1977).*
*Die katholische Kirche St. Gereon hält für Martinspilgernde eine Überraschung bereit: Zentral über dem marmornen Hochaltar teilt der heilige Martin zu Ross seinen Mantel mit dem Bettler. Dieser Altar wurde 1697 für den Ostchor des Mainzer Doms gestiftet und von dort 1869 nach Nackenheim veräußert.*
*Die Geschichte der Kirche mit ihrer wunderbaren Aussicht reicht weit zurück. Wohl im 7. Jahrhundert schenkte der König die Herrschaft über Nackenheim den Kölner Bischöfen, die das Dorf später dem Kölner Stift St. Gereon übertrugen. Im Vorraum ist das älteste Objekt zu besichtigen: ein römischer Sarkophag, der im*

Das Nackenheimer Rathaus

St. Gereon in Nackenheim

*11. oder 12. Jahrhundert erneut zu Bestattungszwecken verwendet wurde. Hier sind auch Fragmente des gotischen Kirchbaus, vermutlich aus dem 13./14. Jahrhundert, ausgestellt. Bereits seit 1258 gehörte die Kirche dem Stephansstift in Mainz, weshalb der heilige Gereon das Patronat für einige Jahrhunderte mit dem heiligen Stephan teilen musste. 1716 bis 1731 wurde die mittelalterliche Wehrkirche unter Abbruch des gotischen Chores und der Wehranlagen in barockem Stil umgebaut. 1901 kam ein Westquerbau mit neobarockem Giebel und 1911 der Zwiebelturm hinzu. Im Inneren ist die Kirche mit barocken Kunstwerken ausgestattet. Die beiden vorderen Seitenaltäre wurden 1728 von Schreinermeister Wiess aus Mainz geschaffen und 1897 wegen Platzmangels verkleinert. Ihre Figuren, die Immaculata und der heilige Josef, die Figur des heiligen Gereon als Offizier der Thebäischen Legion und auch das Relief der Marienkrönung, das vom ursprünglichen Hochaltar von 1730 stammt, schuf wahrscheinlich Johann Heinrich Dietler aus Weisenau.*

Hinter dem Friedhof links abgebogen, wandern wir vor dem Wohnhaus nach rechts. Der Feldweg führt uns bis zu einem asphaltierten Weg. Dort gehen wir allerdings nicht geradeaus, sondern links zwischen die Rebstöcke. An der nächsten Möglichkeit wenden wir uns nach rechts auf die Bäume zu. Noch davor geht es aber links weiter.

Dem Wiesenweg zwischen den Weinstöcken folgen wir auch dort noch weiter, wo links ein Feld beginnt. Der Plattenweg, in den der Wiesenweg bald übergeht, knickt nach rechts ab, und wir steigen hinab Richtung Boden-

Am Ziel: Bodenheim

heim. An drei Bäumen und einem Wegkreuz zweigen wir noch vor dem Ort links in die Weinberge ab. 13,5 km

Der nächste Wiesenweg leitet uns nach rechts bergab und dann in einem Bogen in die Senke hinunter. Hinter der Wiese befindet sich rechts über uns eine Straße, und auf deren anderer Seite verläuft unser Pilgerweg rechts weiter. Wir wandern hinauf bis zu einer Bank, dort leicht rechts auf die Häuser zu, aber noch davor an der Kreuzung links. Auf der anderen Seite einer Straße führt uns der Martinusweg links des „Martinushofes" weiter.

An einer Halle vorbei über die Kreuzung geradeaus erreichen wir den „Weinlehrpfad" von **Bodenheim**. Nun treffen wir auf die großen Informationstafeln über den Lehrpfad. Dort zweigt unser Weg scharf rechts ab. Jetzt gehen wir wieder auf Bodenheim zu, und am Picknickplatz endet die heutige Etappe.

*Sehenwürdigkeit Kirche St. Alban*
*Die katholische Albanskirche in Bodenheim wird bereits im 12. Jahrhundert erwähnt. Sie war im Besitz des Mainzer Albansklosters. Der heutige Bau wurde 1828 bis 1830 in spätklassizistischem Stil errichtet und ist reich ausgestattet mit hochwertigen Barockwerken: Altäre aus dem Mainzer Dom und dem Wormser Liebfrauenstift sowie eine Kanzel aus St. Stephan in Mainz können hier besichtigt werden.*

*Auf schmalen Pfaden in die Bistums- und Landeshauptstadt*

11. ETAPPE

**BODENHEIM - MAINZ** **11,8 KM / +54 M / -102 M / 3:00 H**

Start 5,9 28,2 36,7 52,2 68,4 83,1 97,8 118,5 134,6 150,7 162,5

## IN DIE BISTUMS- UND LANDESHAUPTSTADT

Dann geht es plötzlich ganz schnell und wir stehen wieder am Rhein, der uns bis ins Herz der Bistumsstadt führt. Dort müssen wir uns nur noch nach links wenden und stehen dem imposanten Martinsdom gegenüber. Nach Speyer und Worms erreichen wir also den dritten der drei romanischen Dome in Rheinland-Pfalz. Gut, dass diese Etappe nicht so lang ist, denn in Mainz lohnt sich ein längerer Aufenthalt jederzeit!

GPS M11

Blick zurück auf Nackenheim und Bodenheim

Westlich von Bodenheim führt ein Zuweg des „Rheinterrassenwegs" zum Ausgangspunkt dieser Etappe, die uns bis nach Mainz bringt. Hinter dem Picknickplatz zweigen wir rechts ab und folgen dem eingeschlagenen Weg bis zu einem weiteren Zustieg, der von rechts aus Bodenheim kommt. Wir gehen hier leicht links geradeaus und müssen auf den vor uns liegenden Weinberg aufsteigen. Auf der Kuppe halten wir die Richtung bei und ändern sie erst dort, wo die Bodenplatten enden. Dort gehen wir rechts auf dem Wiesenweg bergab und vor dem Häuschen nach links. Noch einmal links erklimmen wir ein paar weitere Meter bergauf, um dann rechts an einem Weinberghäuschen vorbei auf die hohen Berge des Taunus zuzugehen oder – bei schlechter Sicht – auf einen Strommast.

*Vor uns präsentiert sich bei guter Sicht die Metropole Rhein-Main mitsamt der Skyline von Frankfurt.*

Am nächsten Picknickplatz kommen wir an dem Abstieg nach **Mainz-Laubenheim** vorbei, bleiben aber oben und in derselben Richtung unterwegs. So passieren wir das Zöllerkreuz auf der Laubenheimer Höhe. Vom höchsten Punkt Laubenheims halten wir in der Ferne genau auf den Großen Feldberg zu, den höchsten Berg des Taunus.

3,8 km

Die Straße überqueren wir über den Fußgängerweg und folgen dem von ihr durch einen begrünten Wall getrennten Radweg nach links. Wo der Wall auf der einen und der hohe Zaun um das Betriebsgelände eines ehemali-

*Vor uns die Mainmetropole*

gen Steinbruchs auf der anderen Seite endlich enden, nehmen wir den Weg nach rechts. Wieder vor einem Zaun gehen wir links und dann rechts hinunter entlang der Bebauung bis zur Brücke über die Autobahn A 60. 6,3 km

Direkt dahinter geht es am Lärmschutzzaun rechts und dem Weg folgend links. Der lehmige Weg schlängelt sich zwar ein bisschen, hält aber im Wesentlichen die Richtung bei: zum Rheinufer.

Erneut gehen wir an einem Betriebszaun vorbei, bevor sich der Weg in der Rechtskurve leicht zu senken beginnt und plötzlich der Rhein zu sehen ist. Unten passieren wir noch den „Geopfad Weisenau", danach schwenken wir nach rechts auf das Asphaltsträßchen ein und überqueren die Brücke über Straße und Eisenbahnlinie.

Am Fuß der geschwungenen Brücke wandern wir rechts und stehen hinter dem Betriebsgelände zum ersten Mal auf dieser Pilgerwanderung direkt am Rheinufer. 8,0 km

Wo möglich, bleiben wir nicht auf dem asphaltierten Weg, sondern können unter den Bäumen direkt neben dem Fluss Richtung Mainz pilgern. Diese Pfade sind jeweils beschildert.

Hinter der Eisenbahnbrücke mit ihren monumentalen Brückentürmen verlassen wir den „Rheinterrassenweg", der hier links zu seinem vorläufigen

Hinter der Eisenbahnbrücke wartet die Stadt Mainz.

Endpunkt am Bahnhof „Römisches Theater" im Süden von **Mainz** führt. Der Martinusweg folgt dem Ufer weiter in Richtung Innenstadt, und wir nehmen am Ende des Winterhafens die Brücke nach links, halten uns aber weiterhin
10,8 km so nah wie möglich am Wasser.

Erst dort, wo der untere Uferweg am Fischtor auf das Niveau der Straße hinaufführt, zweigen wir links auf den „Fischtorplatz" ab. Am besten gehen wir direkt neben dem Grünstreifen, denn so halten wir genau auf das heutige Etappenziel zu, den Mainzer Dom Sankt Martin. Davor wenden wir uns nach rechts auf den Marktplatz, wo an der zentralen Heunensäule gegenüber vom Markteingang zum Dom der heutige Weg endet.

*Sehenswürdigkeit Mainzer Dom St. Martin*
*Der Mainzer Dom war früher Teil einer größeren Kirchenanlage, ursprünglich mit Atrium zum Rhein hin. Auf dem „Liebfrauenplatz" sind im Pflaster die Grundrisse der 1807 abgerissenen gotischen Marienkirche zu sehen.*
*Der Dom ist ein Höhepunkt auf unserem Weg. Der heilige Martin, Patron des Doms wie des ganzen Bistums Mainz, grüßt von vielen Orten aus: als Reiterskulptur auf dem westlichen Satteldach, in Holz geschnitzt auf dem barocken Chorgestühl über dem Bischofssitz im Westchor, als gotische Sandsteinfigur im Bogen des Portals zur südlich angrenzenden Memorie und als Dompatron in einem romanischen Tympanon in der Memorie selbst, im Zinnrelief des großen Taufbeckens (1328), mit Bonifatius als bischöfliche Begleitung der „schönen Mainzerin" im Marienaltar (Figuren um 1510) sowie viele Male im Dekor der bedeutenden Grab-*

Wir nähern uns dem Mainzer Dom.

*denkmäler und Seitenaltäre des Doms. Martin ist auch die Zentralfigur im goldenen Schrein mit Reliquien der im Bistum verehrten Heiligen in der Ostkrypta (Bonifatiuskrypta). Die früher für den Mainzer Dom bezeugten Martinsreliquien waren infolge von Bränden und Kriegszerstörungen schon lange verloren. Deshalb stiftete Erzbischof Louis Ferrand von Tours am 28. Oktober 1960 ein Partikel der Kopfreliquie des heiligen Martin für diesen vom Mainzer Goldschmied Richard Weiland geschaffenen neuen Reliquienschrein.*
*Das Martinspatrozinium der Bischofskirche ist bereits für das 6. Jahrhundert anzunehmen. Der heutige Dombau ist allerdings jünger: Erzbischof und Erzkanzler Willigis ließ diese doppelchörige romanische Pfeilerbasilika während seiner Amtszeit (975–1011) als repräsentative Reichs- und Krönungskirche des mächtigsten Metropolitansitzes nördlich der Alpen erbauen. Als Vorbild diente die damalige Peterskirche in Rom. Doch bereits zum Weihetermin 1009 brannte das Gebäude das erste Mal nieder. Das dicke Mauerwerk der östlichen Treppentürme sowie die große Bronzetür des Marktportals mit ihrer Inschrift zeugen bis heute von ihrem Erbauer. Zwischen dem 11. und 13. Jahrhundert erhielt der Dom seine romanische Grundgestalt. Gotischen Ursprungs sind die Kapellen der Seitenschiffe, Turmhelm und äußerer Bauschmuck des Westturms stammen aus der Zeit des Barock. Die Nazarenerfresken mit Darstellungen des Lebens Jesu im Langhaus und die steilen östlichen Turmhelme kamen erst im 19. Jahrhundert hinzu sowie im 21. Jahrhundert die Fenster von Johannes Schreiter in der Sakramentskapelle, Bronzefiguren von Karlheinz Oswald und eine neue Orgel.*
*Dem stillen Gebet gewidmet ist heutzutage die nördlich zum Markt hin angrenzende doppelgeschossige Gotthard-Kapelle, die ehemalige Palastkapelle aus*

Dom St. Martin mit ...

*dem 12. Jahrhundert, mit dem eindrucksvollen mittelalterlichen Udenheimer Kruzifix. Im ebenfalls doppelgeschossigen gotischen Kreuzgang befindet sich der Eingang zum Dom- und Diözesanmuseum mit Schatzkammer und eindrucksvollen Fragmenten des westlichen Dom-Lettners, der einst vom Naumburger Meister geschaffen worden war.*

*Hinweis: Alter Dom St. Johannis in Mainz*
*Im Westen des Doms steht ein noch viel älterer Kirchenbau: In St. Johannis, seit 1828 evangelisch, wurden ab 2013 eindrucksvolle Ausgrabungen vorgenommen, die mehrere Meter unter dem modernen Fußbodenniveau über merowingische Schichten bis in spätrömisch-frühchristliche Zeiten vorstießen. Die Funde machen es so gut wie sicher, dass dieser Bau die frühere Mainzer Bischofskirche und demzufolge auch die ältere Martinskirche gewesen sein dürfte. St. Johannis nennt sich deshalb heute in Anlehnung an die überlieferte volksmundliche Bezeichnung wieder „Alter Dom" („Aldeduom"). 2019 fand man in der Johanniskirche die Grablege von Erzbischof Erkanbald (1011–1021). In der ersten Hälfte des 11. Jahrhunderts, als der neue Dom noch nicht nutzbar war, dürfte St. Johannis auch Ort zweier Königskrönungen gewesen sein.*
*Der Grundbestand des heutigen Baus geht auf Bischof Hatto I. zurück, der die spätkarolingische doppelchörige Basilika 910 einweihte. Seitdem gab es etliche bauliche Veränderungen: im 14. Jahrhundert Anbau eines gotischen Westchors, Abbruch der Ostapsis 1737, 1767 brannte der Paradiesgang nieder, der bis dahin die Stiftskirche St. Johannis mit dem Willigis-Dom verbunden hatte. Beim Luftangriff auf Mainz im August 1942 brannte die Johanniskirche völlig aus. Ein*

... Reiterfigur Martin auf dem westlichen Satteldach und ...

... mit Johanniskirche und St. Stephan im Hintergrund

*drohender Abriss konnte abgewendet werden, sodass bei den jüngsten Untersuchungen das altehrwürdige Mauerwerk unter dem Verputz wieder freigelegt und erforscht werden konnte.*

*Sehenswertes Mainz*

*Schweift der Blick vom Winterhafen hinüber auf die andere Rheinseite, so sieht man hier den Main in den Rhein münden. Nicht zuletzt dieser verkehrstechnisch und strategisch günstigen Lage, verbunden mit einer Rheinbrücke, verdankt Mainz seine Gründung und die über viele Jahrhunderte herausragende Bedeutung: angefangen von einer keltischen Siedlung, über den Standort für das römische Legionslager „Moguntiacum" (abgeleitet von der keltischen Gottheit Mogon) bis zum Aufstieg des Goldenen Mainz („Aurea Moguntia") in Mittelalter und Neuzeit, als die Mainzer Erzbischöfe als Erzkanzler und Kurfürsten die Geschicke des Reiches entscheidend mitbestimmten. Die Lage am Rhein machte Mainz zugleich zur oft umkämpften Grenzstadt, was sich baulich in mächtigen Befestigungs- und Verteidigungsanlagen rings um die Stadt niederschlug. Diese Schutzmaßnahmen konnten nicht verhindern, dass Mainz immer wieder Opfer großer Kriegszerstörungen wurde, z. B. 1793, als das Reichsheer die Stadt für einige Monate von der Besetzung durch revolutionäre französische Truppen („Mainzer Republik") befreite. Der Niedergang der glanzvollen Metropole war aber nicht mehr aufzuhalten. Unter französischer Herrschaft (bis 1814) verlor die Mainzer Kirche ihren Status als Erzbistum und Metropolitansitz und wurde 1821 als einfaches Bistum mit veränderten Grenzen neu umschrieben. Vom einstigen Glanz zeugen heute neben dem Kurfürstlichen Schloss*

Der dritte romanische Dom auf unserer Route

*noch etliche Adelspaläste in der Stadt sowie prächtige Barock- und Rokokokirchen (Augustinerkirche, St. Ignaz, St. Peter). Freunden der Gotik sei ein Besuch der tagsüber geöffneten Karmeliterkirche mit originalen Gewölbemalereien empfohlen. Die nach dem 2. Weltkrieg restaurierte und renovierte Altstadt lädt bei gemütlichem Bummel und Verweilen in vielen Lokalen zur Erkundung der entspannten Mainzer Lebensart ein.*

*Tipp: Gutenbergmuseum Mainz*

*An der nördlichen Seite des „Liebfrauenplatzes“, vor dem Dom, sieht man die prächtige Renaissance-Fassade des „Hauses zum Römischen Kaiser“, einer der vielen Stadtpaläste der damaligen adeligen Residenzstadt. Das Palais ist heute Teil des dahinter liegenden Gutenbergmuseums. Ab 2025 wird das Museum neu gebaut. Während der Bauzeit dienen die wenige Gehminuten entfernten Räume des ehemaligen Reichklarissenklosters aus dem 13. Jahrhundert in der „Reichklarastraße“ (Teil des Naturhistorischen Museums) zur Präsentation für den kostbarsten Schatz, den die Stadt Mainz von ihrem weltberühmten Sohn, Johannes Gensfleisch, genannt Gutenberg (ca. 1400 bis 1468) vorzuzeigen hat: zwei um 1450 gedruckte Bibeln, außerdem zahlreiche andere wertvolle Buchexponate sowie eine Druckerwerkstatt.*

Das Gutenbergmueum

Sehenswertes „Römisches Mainz“

*Zu Lebzeiten des heiligen Martin stand die Römerstadt Moguntiacum noch in voller Blüte. Hervorgegangen war sie aus dem Legionslager (Castrum) auf der Anhöhe. Hier, in der Wohnanlage „Kästrich“, sind bei den ausgegrabenen Fundamenten des Römertors noch die Spuren der Wagen zu sehen, die das Tor einst passierten. Weitere über die Stadt verstreute Relikte der Römerzeit sind das römische Theater am südlichen Bahnhof, das Drusus-Denkmal in der Zitadelle, das Isis- und Mater Magna-Heiligtum im Untergeschoss der „Römerpassage“, die Monumente in der Steinhalle des Landesmuseums, die im Rheinschlick ausgegrabenen Römerschiffe in eigenem Museum und die sogenannten Römersteine, Reste der Pfeiler einer hohen Wasserleitungsbrücke über das Zahlbachtal.*

Gartenidylle bei Gonsenheim

12. ETAPPE

**MAINZ – OBER-INGELHEIM** **22,5 KM / +260 M / -214 M / 6:00 H**

Start · 5,9 · 28,2 · 36,7 · 52,2 · 68,4 · 83,1 · 97,8 · 118,5 · 134,6 · 150,7 · 162,5 · 185

## PERSPEKTIVWECHSEL

Es ist immer wieder erstaunlich, auf welchen grünen Wegen sich manche Städte durchqueren lassen. Mainz ist dafür ein gutes Beispiel in der Kombination aus Kultur, Stadt- und Parklandschaft. Kaum haben wir hinter Gonsenheim die liebliche Gartenidylle am Bach verlassen, gelangen wir an der Vierzehn-Nothelfer-Kapelle über die Autobahn und dahinter in eine wilde Waldlandschaft. Diese ist einem einschneidenden klimabedingten Wandel unterworfen und lockt doch mit einer naturnahen Schönheit, die eine Abwechslung zu den Weinbergen bietet. Auch auf andere Art wechseln wir die Perspektive: Mit der Rheinbiegung haben sich die Aussichten verändert, und nun zeigt sich der Rheingau auf der Heidesheim und Ingelheim gegenüberliegenden Flussseite.

GPS M12

Das Gautor mit Martinsfigur, dahinter St. Stephan

Am Martinsdom in Mainz starten wir unsere Pilgerwanderung nach Westen, also vom Rhein weg, queren den „Gutenbergplatz" und gehen geradeaus auf der „Ludwigstraße" bis zum „Schillerplatz". Dort folgen wir den Straßenbahnschienen entlang der „Gaustraße" nach links, bis links die „Ölgasse" abzweigt und auf die Stephanskirche zuführt. Rechts herum erreichen wir den „Stefansplatz" und den Eingang zur Kirche.

*Sehenswürdigkeit Kirche St. Stephan Mainz*
*Oberhalb der Mainzer Altstadt liegt die Kirche St. Stephan. Ihr Turm überragt weithin Stadt und Land und wurde in früheren Zeiten von einem Türmer bewohnt, der Ausschau nach Bränden und feindlichen Truppen hielt. Wie der Mainzer Martinsdom ist auch St. Stephan (990) eine Gründung von Erzbischof Willigis als Gebetsstätte des Reiches. Willigis, in Mainz als Heiliger verehrt, wurde 1011 an einem unbekannten Ort in St. Stephan bestattet. Der ursprüngliche Holzbau wurde bis ca. 1340 von einer dreischiffigen, doppelchörigen gotischen Hallenkirche ersetzt. Dass St. Stephan heutzutage hunderttausende Besucher anzieht, ist nicht nur der gelungenen Restaurierung nach den schweren Zerstörungen des 2. Weltkriegs zu verdanken: Durch unermüdlichen Einsatz gelang es dem damaligen Pfarrer, Monsignore Klaus Mayer, Marc Chagall für die Gestaltung von neun Glasfenstern im Ostchor zu gewinnen. Die in Blautönen gehaltenen Fenster mit biblischen Motiven waren 1978 bis 1985 die letzten Glasmalereien, die der Künstler Chagall schuf, und es sind die einzigen in Deutschland. Charles Marq, Leiter des Glasateliers in Reims, verglaste nach Chagalls Tod auch noch die übrigen Fenster von St. Stephan in farblich passen-*

Kirche St. Stephan

*der Weise. Beachtenswert sind außerdem u. a. der um 1290 entstandene Hochaltar und der idyllische Kreuzgang (15. Jahrhundert) der ehemaligen Stiftskirche.*

Nach dem Besuch der Kirche gehen wir zu den Schienen zurück und steigen gegenüber die Stufen hinauf. Oben wenden wir uns nach links. Am Ende der „Martinsstraße" halten wir schräg wieder auf eine Treppe zu.

*Tipp: Ein kleiner Abstecher über die „Mathildenstraße" zur Reiterfigur des heiligen Martin auf der „Kupferbergterrasse" lohnt sich. Vom öffentlich zugänglichen Aussichtsbalkon der Wohnanlage „Kästrich" hat man einen wunderbaren Blick auf Mainz. Direkt unterhalb steht das barocke Original des Reiterbildnisses auf dem Mainzer Dom.*

Wir überqueren die Brücke über einen Graben und wenden uns dahinter rechts, gehen an der Gabelung links an einer Bank vorbei, halten uns dann aber rechts auf die Straße zu.

An der Kreuzung überqueren wir zunächst die „Germanikusstraße", dann über die Fußgängerampel die breite „Augustusstraße" und nehmen auf der anderen Seite den Weg rechts der kleinen Straße. An der bald folgenden Gabelung wählen wir den linken Weg. Von der Kuppe aus sehen wir vor uns, wie Fußweg und Straße sich treffen. Hier gehen wir noch vor der Wiese auf die andere Straßenseite und wandern hinunter bis zur ersten großen Kreuzung. Diese überqueren wir auf dem „Römerwall" und gehen bis zur zwei-

ten, noch größeren Kreuzung. Um diese eigentlich geradeaus zu überqueren, müssen wir nach links etwas ausholen, um über die Fußgängerampeln
2,0 km sicher hinüberzukommen.

Endlich erreichen wir den „Goßlerweg" und steigen rechts der Kunsthochschule bergauf. Bevor wieder eine Straße beginnt, wenden wir uns auf dem Schotterweg leicht rechts und oben vor dem kleinen Häuschen an den Sportplätzen links. Auf der „Fritz-Bockius-Straße" und links des Stadions weiter geradeaus halten wir uns gleich hinter dem Wertstoffhof links.

Hinter dem Trainingsgelände führt uns der Martinusweg geradeaus, bis der Asphalt endet, und wir wählen hier den linken der beiden geschotterten Wege. An seinem Ende gehen wir links und auf der gegenüberliegenden Seite der breiteren Querstraße durch den Grünstreifen. Kurz bevor wir eine kleine Straße mit einigen Ladenlokalen erreichen, wenden wir uns an der Gabelung rechts und wandern gegenüber weiter durch eine Parkanlage bis zu einer Schule. Schräg rechts daran vorbei führt auch hier ein Fußweg weiter. Er leitet uns in die „Mainzer Straße", auf der wir scharf links die Bahnlinie
4,7 km überqueren und dann gleich wieder links in den Fußweg einschwenken.

Entlang großer Gemüsegärten pilgern wir auf die Stephanskirche von **Gonsenheim** zu. Wo die Gärten enden, wenden wir uns nach rechts und biegen vor der Brücke über den Gonsbach links ab.

... auf dem Jakobsweg ...

... nach Gonsenheim

Jenseits der „Koblenzer Straße" wandern wir rechts der Fontäne wieder zu den Gärten und halten rechts des Baches weiter auf die Stephanskirche zu. Auch nach der kleinen Straße bleiben wir am Bachlauf.

An der nächsten kleinen Brücke endet der Pfad auf der rechten Bachseite. Davor steht ein Wegstein mit der gelben Jakobsmuschel auf blauem Grund. Hier folgen wir dem Jakobsweg nach rechts und in die „Mainzer Straße" nach links auf die Kirche in **Mainz-Gonsenheim** zu. 6,4 km

*Sehenswürdigkeit Kirche St. Stephan Gonsenheim*

*Die großzügige, neugotische Backsteinkirche mit ihren fast 60 m hohen Doppeltürmen wird auch der „Rheinhessendom" genannt. Sie wurde 1870/71 und 1905/06 erbaut. Von der hierzu niedergelegten Barockkirche hat sich noch das Portal an der Sakristei erhalten, eine noch ältere Vorgängerkirche ist für das Jahr 1401 bezeugt.*

*Die wunderbare Raumwirkung der Kirche wird von modernen Glasfenstern unterstützt, die sie nach der Zerstörung der alten Verglasung im 2. Weltkrieg erhielt. Sie stammen von Heinz Hindorf und Gustel Stein. Dem heiligen Martin begegnet man in den von Hindorf gestalteten Fenstern des Langhauses. Hindorf schuf auch die drei Chorfenster sowie das gegenüberliegende Westfenster.*

*Gustel Stein entwarf die Fenster des Querhauses, u.a. mit dem Leben Mariens und des heiligen Stephanus. Neben den Fenstern gibt es in der Gonsenheimer Stephanskirche mit der modernen Taufkapelle viel Ausstattung aus neuerer Zeit, z. B. das Chorgitter zur Sakramentskapelle mit Figuren der Vierzehn Nothelfer.*

Gonsenheim

Vierzehn-Nothelfer-Kapelle

Unmittelbar vor der Kirche folgen wir auf unserem Martinusweg der Muschel nach rechts, überqueren auf der „Kirchstraße" zwei kleinere Straßen und gehen jenseits der dritten zwischen Sportplatz und Grundschule geradeaus, die Route des Jakobswegs hier wieder verlassend.

„Am Sportfeld" lassen wir vor dem Wildpark die „Kirchstraße" hinter uns: Wir schwenken nach links und direkt hinter dem Zaun auf den Fußweg nach rechts ein. Auf diesem Wegstück können wir einige Tiere beobachten, bevor wir nach dem letzten Gehege geradeaus weiterwandern. So stoßen wir im Wald auf einen deutlich zu erkennenden Querweg, der uns nach links zu
7,9 km dem mit Platanen gesäumten Platz an der Vierzehn-Nothelfer-Kapelle führt.

*Sehenswürdigkeit Vierzehn-Nothelfer-Kapelle Gonsenheim*
*1729 lösten Gonsenheimer Bürger ein Gelübde ein und bauten eine erste Nothelfer-Kapelle an der Stelle, wo ein „Heiligenbaum" stand – eine hohe Fichte, an die man Heiligenbilder heftete. Die heutige Kapelle wurde 1894/95 im Stil des Historismus errichtet und hat einen reich verzierten neugotischen Altar mit den Skulpturen der Nothelfer. Noch immer lebendig ist die Nothelfer-Wallfahrt am 3. Sonntag nach Pfingsten. Eine Besichtigung ist normalerweise nur vor oder nach Gottesdiensten möglich.*

Nach rechts bringt uns eine Brücke über die Autobahn. Dort, wo auf der rechten Seite die Leitplanke endet, zweigt etwa 20 Meter weiter auf der linken Seite ein Waldpfad im rechten Winkel von dem asphaltierten Weg ab.

Die neue Route im Lennebergwald

Der sandige Weg kreuzt einen kleineren Querweg und leitet uns leicht rechts bis zur „Franz-Stein-Hütte".

*Achtung: Da im Lennebergwald (im Volksmund „Gonsenheimer Wald") in den trockenen Jahren viele Bäume gefallen sind, existieren einige Wege nicht mehr. Unsere Route führt deshalb um die Hütte herum und vor dem Fitnessplatz auf dem „Kleinen Mainzer Höhenweg" Richtung Lennebergturm bergauf. Eine kurze Passage ist etwas steil und bei Nässe rutschig, der Rest sandig weich.*

Am Lennebergturm nehmen wir die Zufahrt nach links. An der Straßenkreuzung behalten wir zunächst unsere Richtung bei, zweigen jedoch gleich hinter der Durchgangsstraße auf dem Fußweg rechts ab und erreichen den Parkplatz von Schloss Waldthausen. 9,7 km

Durch das Tor treten wir in den Park ein, und dann gibt es zwei mögliche Wege: entweder auf direktem Wege links am Schloss vorbei oder – um das gepflegte Ambiente etwas ausführlicher zu genießen – rechts herum.

*Sehenswürdigkeit Schloss Waldthausen*
*Im Stil eines staufischen Palastes wurde Schloss Waldthausen 1908 bis 1910 im Auftrag des Essener Industriellen und ehemaligen Leutnants Freiherr Martin Wilhelm von Waldthausen erbaut. Aufgrund einer Rivalität mit Kaiser Wilhelm II. nach einem Zwischenfall bei einer Parade 1904 im „Mainzer Sand" (heute Naturschutzgebiet) soll Waldthausen seinen pompösen Bau ähnlich*

*geplant haben wie das zur gleichen Zeit gebaute Hohenzollern-Schloss Posen. Der Baron bewohnte sein Schloss nur vier Jahre: Bei Ausbruch des 1. Weltkriegs verließ er mit seiner Familie Deutschland. Das Schloss diente danach vor allem zur Unterbringung von Truppen verschiedener Nationalität inklusive der Bundeswehr sowie zuletzt 1982–2020 als Bildungszentrum des Sparkassenverbands Rheinland-Pfalz.*

Wo das Gebäude endet, führt nach rechts ein breiter Waldweg bergab, von dem wir uns schon auf halber Höhe nach knapp 50 Metern nach links verabschieden, nach wie vor den Schildern des „Kleinen Mainzer Höhenwegs" folgend: dem weißen Edelweiß auf grünem Grund. So nähern wir uns einer Straße, die wir allerdings eher hören als sehen. Gegenüber einer Schranke beschreibt unser Höhenweg eine rechtwinklige Rechtskurve und senkt sich dann leicht zum Bernhardsborn-Brunnen hin.

Gleich dahinter treffen wir auf eine Wegkreuzung. Dort zweigt der „Mainzer Höhenweg" nach rechts ab, wir behalten aber die Richtung bei und gehen geradeaus Richtung Rheingoldruhe. Der asphaltierte Weg begleitet uns zu einer Dreieckskreuzung, wo wir die linke Möglichkeit wählen. Wir befinden uns nun wieder auf dem „Kleinen Mainzer Höhenweg" und folgen ihm vor der ansteigenden Linkskurve rechts hinunter. Der sandige Weg leitet uns – leider in der Nähe der Autobahn – durch den schönen Münchwald, und wir folgen ihm auch dort, wo er links zur Autobahn abknickt. Dahinter wählen
12,5 km wir an der Gabelung den linken Weg und stoßen auf einen Picknickplatz.

Baron von Waldthausen hat diese Teiche anlegen lassen.

Wir befinden uns immer noch auf dem „Kleinen Mainzer Höhenweg", der uns nun an den kleinen Weihern entlangführt.

*Die treppenförmig angeordneten Teiche hat Baron von Waldthausen für seine Fischzucht anlegen lassen. Sie sind Laichgebiet für verschiedene Amphibienarten. Bänke laden hier zu einer Rast ein.*

Das anstrengendste Wegstück des heutigen Tages steht uns nun bevor, der kurze Anstieg an der Quellgrotte vorbei. Oben angekommen, wenden wir uns an der Schutzhütte zunächst kurz links und in den Querweg nach rechts. Hier verlassen wir nun endgültig den „Kleinen Mainzer Höhenweg".

Ein großer Holzzaun wird von einem Maschendrahtzaun abgelöst, und ihm folgend wandern wir über den zweispurigen Sand- und Wiesenweg. Erstmals können wir nach rechts wieder auf die andere Rheinseite und nun Richtung Rheingau schauen.

Leicht links geht es dort weiter, wo sich unser Weg mit einem von rechts kommenden vereint. Am Hundesportgelände vorbei senkt sich der Weg zu den ersten Obstgärten und den ersten Häusern von **Heidesheim**. Wir überqueren die kleine Straße geradeaus – markiert ist diese Strecke nun mit der „Hiwwel-Route". An der Schule vorbei betreten wir den Ort und wandern durch die „Obere Kreuzstraße" und dann schräg rechts weiter durch die „Ernst-Ludwig-Straße". 15,7 km

Fast am Ziel lädt …

… dieses Wegkreuz zum Innehalten ein.

Im Ortskern von Heidesheim wenden wir uns vor dem Bachgraben nach rechts, um dann noch vor der „Binger Straße" wieder links aufwärts zu gehen. Auf der anderen Seite des Grabens folgen wir der „Pfarrstraße" nach rechts, und nach der Kehre gehen wir in sehr spitzem Winkel nach links hinauf durch die „Römerstraße".

*Tipp: Für Pilgernde, die sich länger in Heidesheim aufhalten möchten, empfiehlt sich ein Blick auf die Burg Windeck, eine 1209 erbaute Turmburg, nördlich des Martinuswegs an der Bahnhofstraße gelegen. Noch weiter nördlich liegt jenseits der Bahnlinie in den Obstplantagen die Georgskapelle, eine in spätantiker Zeit in den Mauern eines römischen Gutshofes erbaute Kirche. Sie gilt als das älteste erhaltene Gotteshaus in Rheinhessen.*

An der „Römerstraße" gleich wieder abgebogen in die „Dimbergstraße", erreichen wir die „Bergstraße". Dort nehmen wir den gepflasterten Hohlweg links hinauf. Hoch hinaus geht es nun Richtung Rabenkopf und oben nach rechts auf den Feldweg, wo wir zum ersten Mal heute wieder auf Rebstöcke treffen. Vor einem umzäunten Gelände biegen wir links ab, steigen noch weiter hinauf und stoßen oben auf den markierten „Kaiserpfalzweg". Diesem folgen
18,0 km wir nach rechts und in den Querweg nach links bergauf.

*Von hier oben und auch auf dem weiteren Weg bis zum Etappenziel hat man eine herrliche Aussicht auf den Rheingau.*

Dort hinten ist schon unser Pilgerziel zu erkennen: Bingen.

Da wir nach Ober-Ingelheim wollen, verlassen wir nach dem Wäldchen den „Kaiserpfalzweg" wieder, der hier nach rechts abknickt. Wir pilgern stattdessen geradeaus. Wo wieder Obstbäume stehen, kreuzt ein Feldweg. Nach rechts führt er uns bis zur Landstraße. Wir lassen uns von dem Sträßchen gegenüber bis zu seinem Ende mitnehmen, wo wir 20 Meter rechts hinuntergehen, bevor wir links in den Feldweg einschwenken.

Am Ende des Feldwegs wandern wir zunächst leicht rechts und dann an den Bänken gleich links auf den Schotterweg – mit großartiger Sicht auf den Rheingau. Bald erblicken wir zum ersten Mal unser Etappenziel, die Burgkirche in **Ingelheim am Rhein**.

Am ersten Querweg gehen wir links auf die Burgkirche zu, am zweiten genauso, und auch am dritten zweigen wir uns entgegen der Erwartung noch einmal nach links ab. Auf der „Weinmeile" biegen wir nur 50 Meter höher in den breiten Waldweg ein und wenden uns hinter dem Kreuz nach rechts.

Immer geradeaus mit fantastischer Aussicht gelangen wir so zur Burgkirche von **Ober-Ingelheim**, unserem Ziel dieser Etappe.

*Sehenswürdigkeit Burgkirche Ingelheim*
*Die evangelische Burgkirche war ehemals dem heiligen Wigbert geweiht, dem Patron des Benediktinerklosters in (Bad) Hersfeld, dem Karl der Große die Ländereien übereignete. 1296 ging der Besitz der Kirche zum Mainzer Domkapitel*

Umgeben von Wein ...

... das Etappenziel: die Burgkirche

über. Die Kirche wurde nach der Reformation bis 1707 noch simultan von Katholiken und Protestanten genutzt. Heute stellt sich die Burgkirche als spätgotischer dreischiffiger Bau dar, der eine einschiffige romanische Kirche ersetzt hat. Der Turm wurde im 11./12. Jahrhundert errichtet und mit spätgotischen Zinnen bekrönt.

Die Kirche liegt über der Stadt am Rand der Weinberge und bildet mit den umgebenden mittelalterlichen Mauern eine imposante Wehranlage, die Schutz bei feindlichen Angriffen bot. Die teilweise doppelten Mauern sind bis zu zwei Meter dick und bis zu acht Meter hoch. Die Gewölbe im Inneren der Kirche haben schöne Schlusssteine und sind mit gemalten Pflanzenornamenten geschmückt. An den Konsolen der Gewölberippen fallen groteske Masken auf. Prächtig ist das zentrale Maßwerk-Glasfenster im Chor mit Glasmalereien aus dem 15. Jahrhundert. Die Orgel mit reichem Schnitzwerk stammt aus dem 18. Jahrhundert. Die Burgkirche mit ihrem Friedhof diente den örtlichen Adelsfamilien als Grablege.

*Sehenswertes abseits der Route: Kaiserpfalz, Saalkirche und St. Remigius*
Karl der Große baute um 800, inspiriert von römisch-antiken Villen und Palästen, auf dem Gelände des heutigen Unter-Ingelheim eine repräsentative Pfalz. Ihren Höhepunkt erreichte sie unter den Ottonen im 10./11. Jahrhundert. Mehrere Reichssynoden fanden hier statt. Zur Zeit der Staufer wurde die Pfalz zu einer Reichsburg umgebaut. Für das Jahr 1354 ist der letzte Besuch eines Kaisers (Karl IV.) bezeugt. Danach dienten die Mauern als Steinbruch und wurden in die Wohngebäude der Ingelheimer integriert. Seit dem 20. Jahrhundert finden auf

*dem Gelände Ausgrabungen statt. Beeindruckend sind heute vor allem die Ruinen von Aula regia, Exedra und Heidesheimer Tor.*
*Zur Pfalz gehörten zwei mittelalterliche Kirchen, die evangelische Saalkirche und die katholische Kirche St. Remigius. Die Saalkirche entstand im 10. Jahrhundert, lag im 17. und 18. Jahrhundert nach Kriegszerstörungen in Ruinen und wurde erst in den beiden folgenden Jahrhunderten renoviert bzw. bis 1965 historisch rekonstruiert. Der Vorgängerbau von St. Remigius bestand schon in merowingischer Zeit vor der Pfalzgründung. Der prachtvolle Turm der Kirche stammt aus dem 12. Jahrhundert; bei Ausgrabungen im Turminneren entdeckte man 2012/2013 ein in den Boden eingelassenes Taufbecken (Taufpiscina) aus dem 6./7. Jahrhundert. Das heutige Kirchenschiff entstand im 18. Jahrhundert, auch die Ausstattung der Kirche ist weitgehend barock.*
*Vor der Kirche steht ein Denkmal für den Humanisten Sebastian Münster, der 1488 in Ingelheim geboren wurde.*

Zwischen Gau-Algesheim und Bingen

13. ETAPPE

**INGELHEIM – BINGEN** **22,1 KM / +446 M / -490 M / 6:15 H**

Start · 5,9 · 28,2 · 36,7 · 52,2 · 68,4 · 83,1 · 97,8 · 118,5 · 134,6 · 150,7 · 162,5 · 185 · 207,1

## DAS ZIEL IST NAH

GPS M13

Diese abwechslungsreiche Etappe führt uns zur Martinsbasilika in Bingen. Nicht verwunderlich, dass in dieser schönen Landschaft, in der schon zu sehr frühen Zeiten Menschen siedelten, zahlreiche Kirchen, Klöster und alte Kultorte auf uns warten. Genauso wenig überrascht es, dass diese Orte auf den Bergen liegen: Wir pilgern also hinauf auf die „heiligen Berge" und werden jedes Mal mit fantastischen Aussichten belohnt. Bis wir schließlich vom Rochusberg absteigen zum letzten bedeutenden Pilgerziel unseres Martinusweges durch Rheinland-Pfalz und durch die Bistümer Speyer und Mainz.

***Der erste Anstieg führt zum Bismarckturm.***

Von der Burgkirche steigen wir ab bis zum „Marktplatz" an der kleinen Durchgangsstraße. Dort gehen wir leicht links gegenüber in der „Stiegelgasse" an der Gaststätte „Alt Ingelheim" vorbei. Gleich dahinter nehmen wir die „Altegasse" rechts bergab. Wir befinden uns hier auch auf dem Jakobsweg von Mainz nach Trier.

Am unteren Dorfrand gehen wir über die Selz zum Kreisverkehr, den wir linksherum queren, um dahinter die „Gau-Algesheimer Straße" zu wählen, die nach rechts kurz parallel zur Landstraße verläuft. Markiert ist diese Route mit der Jakobsmuschel und dem „R" für den „Rheinhöhenweg".

An der Stelle, wo schräg links ein Asphaltweg weiterführt, ist der Bismarckturm ausgeschildert, und sowohl der „Rheinhöhenweg" als auch der Zuweg zur „Hiwweltour" knicken in diese Richtung ab. Diesen Markierungen folgen wir auch an der Gabelung links in den Hohlweg und erklimmen so
2,4 km den Westerberg.

*Wer den an sich schon steilen Anstieg auf den Westerberg krönen möchte, steigt in den 31 Meter hohen Bismarckturm und wird mit einer grandiosen Aussicht belohnt.*

*Sehenswürdigkeit Bismarckturm Ingelheim*

*Der wuchtige, innen aber hohle Bismarckturm wurde 1907 bis 1912 in einer Stilmischung aus Neuromanik und Jugendstil erbaut. Er ist ein beliebtes Ausflugs-*

*Blick zurück nach Ober-Ingelheim mit Burgkirche*

*Bismarckturm auf dem Westerberg*

*ziel, was auch daran liegt, dass neben dem benachbarten Café im Tiger-Park am Wochenende (mit Führungen) Bengal-Tiger zu sehen sind, deren Bestand weltweit stark gefährdet ist.*

Auf unserer Pilgerroute zweigen wir allerdings unterhalb des Turms rechts ab und wandern auf der „Hiwweltour" Richtung Gau-Algesheim. Am Querweg kurz links abgebogen, geht es wenige Meter höher rechts weiter. An der nächsten T-Kreuzung leitet uns die Markierung rechts hinunter, um wenige Meter weiter unten links abzuzweigen. So gelangen wir an einen Aussichtspavillon („GAGA-Pavillon") über **Gau-Algesheim**. 3,0 km

*Der Blick geht über den Jakobsberg und den Rochusberg Richtung Bingen. Im Hintergrund sehen wir die Höhenzüge des Hunsrücks und weiter rechts den Taunus.*

Von hier aus führt ein Zuweg nach Gau-Algesheim hinunter. Wir gehen aber am Kreuz vorbei links hinauf. Im Naturschutzgebiet liegen einige Infanteriestellungen aus dem Ersten Weltkrieg verborgen. Auch an der nächsten Kreuzung wartet ein Abstieg nach Gau-Algesheim. Wir wählen jedoch den linken der beiden bergab führenden Wege. Kurz danach entscheiden wir uns an der Gabelung für die rechte Möglichkeit, markiert mit dem Emblem der „Hiwweltour". Hinter einem Rastplatz mit schöner Aussicht gehen wir geradeaus über eine Kreuzung, erreichen die ersten Häuser von Gau-Algesheim und folgen der Hiwweltour-Markierung davor links.

Gau-Algesheim: Marktplatz mit Rathaus und Kirchturm

Hinter Gau-Algesheim zeigt sich schon der Jakobsberg.

*Sehenswürdigkeit Kirche St. Cosmas und Damian Gau-Algesheim*
*Die katholische Pfarrkirche St. Cosmas und Damian überragt mit ihrem 63 Meter hohen, spitzen Turm die Dächer des schmucken, 766 erstmals urkundlich erwähnten Gau-Algesheim. Ursprünglich war sie eine Martinskirche! Doch nachdem 1501 Reliquien der Heiligen Cosmas und Damian dort einige Wochen Station gemacht hatten, führte die Verehrung dieser Heiligen – der Legende nach frühchristliche Zwillingsbrüder, die als Ärzte in Kilikien kostenlos Kranke behandelten und den Märtyrertod erlitten – später zu einem Patronatswechsel. Die heutige stilrein neugotische Kirche wurde 1887 bis 1889 errichtet. Dabei wurde der Kirchenraum um 90 Grad gedreht, sodass die Kreuzkapelle unter dem Kirchturm und der ehemalige Hochaltar erhalten blieben und von dem Vorgängerbau noch das romanische Untergeschoss des Turmes sichtbar ist. Eine Besonderheit ist der von außen begehbare „Pilgergang" unter dem Altarbereich hindurch.*

An der Kreuzung wieder außerhalb der Ortschaft verlassen wir die „Hiwweltour" und wählen den Zuweg nach Gau-Algesheim rechts hinunter „An der Layenmühle". „Im Hippel" gehen wir links und über den Welzbach und auf der anderen Seite der „Appenheimer Straße" geradeaus.

Noch vor der Umgehungsstraße steigen wir rechts hinauf, um auf die andere Straßenseite zu gelangen. Rechts der Brücke folgen wir dem Schild Richtung Jakobsberg nach links. Begleitet wird der gepflasterte Weg vom schön gestalteten „Wein- und Panoramarundweg".

Wallfahrtskirche auf dem Jakobsberg

Auf der Höhe angekommen, liegt die Kirche genau vor uns, auch wenn bis dahin am Johannisberger Türmchen vorbei noch gut 400 Meter zu absolvieren sind. Um das ehemalige Kloster und die Wallfahrtskirche gehen wir rechts herum. 7,7 km

*Hier können wir die Aussicht in Richtung des Rochusbergs und des Hildegardklosters auf der anderen Rheinseite in Eibingen genießen.*

*Sehenswürdigkeit Jakobsberg Ockenheim*

*Die Geschichte des Jakobsbergs reicht weit zurück bis in vorrömische Zeit. Am Fuß des Berges lag eine Verzweigung römischer Heerstraßen. 1720 begründete der damalige Ortspfarrer eine Wallfahrt zu den Vierzehn Nothelfern, die schnell populär wurde. Zwar lebten immer wieder Einsiedler bei der kleinen Kapelle auf dem Berg, doch bemühte man sich Ende des 19. Jahrhunderts, eine Ordensgemeinschaft zur Betreuung der Wallfahrt anzusiedeln. Nach Trappisten (1921) und Jesuiten (1951) erwarb 1960 die Erzabtei St. Ottilien der Missionsbenediktiner das Kloster und entwickelte hier ein neues Pastoralkonzept. Seit den 1980er Jahren wurden Jugend-, Gäste- und Bildungshaus für viele Menschen zu Quellen von Ruhe, Besinnung und neuer Kraft. Anfang 2023 verließ der Benediktinerorden den Jakobsberg, der aber weiterhin ein „Geistliches Zentrum" des Bistums Mainz ist.*

*Der Vorraum zur Kirche aus dem 19. Jahrhundert bietet die Möglichkeit zur Andacht vor einem Barockaltar mit Reliquien und einer Pietà (um 1720).*

Durch die Weinberge geht es auf den Jakobsberg.

*Sehenwertes abseits der Route: Laurenziberg*
*Vom Jakobsberg aus sichtbar, liegt 1,4 Kilometer südöstlich der beschauliche Laurenziberg mit der großen Barockkapelle St. Laurentius (Anfang des 18. Jahrhunderts). Sie ist ein weiteres beliebtes Pilgerziel mit mehreren Wallfahrten inklusive einer bis heute geübten Segnung von Pferden und Haustieren. Die kirchliche Tradition des Laurenziberges lässt sich bis ins 7. Jahrhundert zurückverfolgen.*

Ganz auf der anderen Seite der Gebäude des Jakobsbergs, dort, wo links vor dem Steinhaus ein Platz mit Bänken und Backhaus liegt, zweigen wir an der Laterne rechts auf den gepflasterten Weg ab, treffen auf eine Fußballwiese und gehen vor der nächsten Wiese links durch ein Tor zum Querweg. Nun wandern wir an der Skulptur „Jakobsleiter" vorbei bis zu der Abzweigung zum Friedenskreuz. Gleich links der Befestigungsmauer unter dem Kreuz
9,2 km führt ein schmaler Pfad abwärts.

*Sehenswürdigkeit Friedenskreuz*
*Auf dem Ockenheimer Hörnchen wurde 1952 ein Mahn- und Friedenskreuz in Erinnerung an die Opfer des 2. Weltkriegs errichtet, nachdem dort zuvor schon regelmäßig Mahnfeuer entzündet worden waren. Um 1950 wurden viele solche Friedenskreuze in Deutschland aufgestellt, weit sichtbar und attraktive Ziele für Wall- und Pilgerfahrten.*

*Am Friedenskreuz auf dem „Balkon Rheinhessen" gibt es eine beeindruckende Rundumsicht.*

Barockkapelle St. Laurentius

Friedenskreuz

Die mit „Balkon Rheinhessen" beschrifteten Schilder leiten uns nun bis zu einem Hochstand. An diesem vorbei führt der Martinusweg geradeaus weiter in die Ebene hinab bis zur übernächsten Möglichkeit, nach rechts abzubiegen. Nach links abgeknickt, erreichen wir schließlich den Rand von **Ockenheim.** 10,4 km

Um die weißen Häuser vor uns gehen wir rechts herum und folgen dahinter der Straße „In den Weiden" bis vor das Haus mit der Nummer 6. Von dort gehen wir nach links bis zum Kreisverkehr. Auf dessen anderer Seite nimmt uns die „Frankenstraße" auf, die wir allerdings über den „Hockenmühlweg" schon bald nach links verlassen. Nun wandern wir nach rechts direkt am Ortsrand. Hinter einem kleinen Spielplatz bleiben wir zunächst noch geradeaus auf dem Weg am Ortsrand. Wo dann aber ein Feldweg nach links zwischen die Rebstöcke führt, wählen wir den abzweigenden Wiesenweg, direkt an der linken Seite des Bachufers entlang. Kleine, blaue Schilder weisen diesen Weg als Generationenweg „Rund ums Ort" aus.

Auf der anderen Seite der Landstraße passieren wir ein kleines Gewerbegebiet, an dessen Ende nach links ein kurzer Asphaltweg auf einen Feldweg führt. Er bringt uns zu einem geschotterten Weg, dem wir nach rechts folgen. In den noch breiteren Querweg wieder rechts abgebogen, stoßen wir auf einen Asphaltweg. Dieser dient auch als Fahrradweg, und wir orientieren uns an der entsprechenden Beschilderung nach links Richtung Bingen. 12,7 km

Die Dreikönigskirche in Bingen-Kempten

Dieser Weg leitet uns auf vier Brücken über zwei Bahnlinien, die Autobahn und eine Bundesstraße. Auch hinter der letzten Brücke bleiben wir dem Weg noch eine Weile treu und folgen dem Asphaltweg bis zur ersten richtigen Kreuzung, an der nach links ein Plattenweg auf eine Halle zuführt. Hier wählen wir den Feldweg nach rechts, der zunächst nur leicht abfällt. Auf diesem Weg nähern wir uns dem Bingener Ortsteil Kempten und gehen an der Gabelung links und halten uns dahinter gleich rechts – immer leicht talwärts. Dies gilt auch dort, wo rechts die ersten Häuser von **Bingen-Kempten** zu erkennen sind. Auch hier halten wir uns rechts und unten an der kleinen Straße erneut. Linksherum am Ortsrand wandern wir nun auf die
15,3 km Pfarrkirche Heilige Dreikönige zu und davor wieder links.

*Sehenswürdigkeit Dreikönigskirche Bingen-Kempten*
*Ältestes christliches Zeugnis aus dem frühen 7. Jahrhundert ist der Grabstein der jung verstorbenen adeligen Bertichild. Der Stein war, in zwei Teile zerbrochen, an unterschiedlichen Stellen in der Kirche verbaut und ist seit 1936 zusammengefügt in der Taufkapelle des Querhauses aufgestellt. Bei einer Kirchenerweiterung 1933 blieb der massive romanische Turm (spätes 12. Jh.) der zeitweise festungsmäßig umbauten alten Kirche erhalten und wurde südlich angegliedert. Das im Kern frühmittelalterliche Kirchenschiff wurde als südliches Querhaus in den Neubau einbezogen. Das Patronat der Heiligen Dreikönige ist seit dem 13. Jahrhundert nachweisbar. Einer Legende zufolge geht es zurück auf die Station der Dreikönigsreliquien auf ihrem Weg nach Köln im Jahr 1164. Der ehemalige barocke Hauptaltar steht jetzt als Seitenaltar im Querhaus.*

Vom Rochusberg gut zu sehen: der Inselrhein

*Auch der heilige Martin ist in der Kirche in einem in den 1930er Jahren von Fritz Kraus geschaffenen Glasfenster präsent. Der mantelteilende Heilige ist hier ohne Pferd dargestellt, dafür aber einer Legende nach mit Gans.*

Nun beginnt der Aufstieg auf den Rochusberg. Die kleine Straße, die hinter dem Friedhof rechts abzweigt, führt uns bis nach oben. Oberhalb des ehemaligen Rupertusklosters wenden wir uns nicht in den kleinen Asphaltweg, sondern dahinter auf dem Schotterweg nach rechts, gehen bis zum Zaun vor und schwenken nach links zur Kirche ein.

*Bei gutem Wetter empfiehlt sich ein Abstecher nach rechts an das Ende des Bergsporns mit Aussicht auf den Inselrhein, ein sogenannter Abschnitt des Rheins zwischen Mainz und Bingen, und auf unsere gesamte heutige Etappe.* 16,2 km

*Sehenswürdigkeit Rochuskapelle Bingen*

*Während der großen Pest 1666 legten die Binger Bürger ein Gelübde ab, dass sie dem heiligen Rochus eine Kapelle auf dem Hesselberg (so der frühere Name) bauen, am Festtag des Pestheiligen dorthin pilgern und einen halben Festtag dort feiern würden, wenn die Seuche ein Ende finden würde. Im Laufe des 19. Jahrhunderts wurden aus dem halben Festtag acht Tage. Am Außenaltar der Rochuskapelle werden noch heute die Wallfahrtsgottesdienste und auf den angrenzenden Grünflächen die Rochusfeste gefeiert.*
*Die erste, noch recht bescheidene Rochuskapelle ging 1795 durch Auseinandersetzungen mit den französischen Besatzern in Flammen auf. Der nächste Bau*

Die Rochuskapelle

Schmale Pfade führen um den Rochusberg.

*wurde 1814 errichtet und eingeweiht. Johann Wolfgang von Goethe nahm an den Festlichkeiten teil, berichtete darüber und gab bei der protestantischen Malerin Louise Seidler nach Entwürfen eines Freundes ein Votivgemälde des wandernden Rochus in Auftrag, das 1816 in Bingen eintraf. Das Gemälde konnte mit anderen Kunstwerken gerettet werden, als im Juli 1895 die Kapelle nach einem Blitzschlag völlig niederbrannte. Es hängt heute in einer Seitenkapelle des dritten, weitaus prachtvolleren Rochusbaus, der 1898 eingeweiht wurde. Alle Katastrophen überstanden haben auch zwei Rochusfiguren: Eine größere (ca. 1720) steht auf dem Hochaltar, eine kleinere (1738) wird auf den Prozessionen mitgeführt. Die beiden Seitenaltäre sind den beiden Heiligen Hildegard und Rupertus geweiht. Südlich unterhalb der Rochuskapelle erinnert die Bethlehemskapelle daran, dass es schon im Mittelalter eine von Kreuzfahrern errichtete Kapelle auf diesem heiligen Berg gegeben hat.*

Unsere weitere Route auf dem Martinusweg verläuft auf der Rheinseite der Kapelle weiter. Hinter dem Friedhof steigen wir scharf rechts die Stufen hinunter auf einen schmalen Waldpfad, der unter der Kirche entlang nach der engen Kehre wieder zurückführt. Der schöne Waldweg leitet uns immer etwa auf gleicher Höhe am Rand des Rochusberges entlang. Am Querweg thront über uns das Hildegardishaus. Wir wenden uns nach rechts und nehmen die Stufen aufwärts. So treffen wir auf eine kleine Straße, auf deren gegenüberliegenden Seite wir schräg rechts weitergehen. An der Gabelung gilt es, scharf links hinauf zu gehen und bei nächster Gelegenheit scharf rechts abzuknicken. Ein letztes Mal müssen wir einen Anstieg bewältigen.

Blick auf Bingen

Am Trimm-dich-Platz wandern wir links des Pavillons auf dem breiten Weg weiter immer noch leicht bergauf. Erst unter dem „Kaiser-Friedrich-Turm" haben wir dann nicht nur endlich den höchsten Punkt des Bergrückens überschritten, sondern auch sein anderes Ende erreicht. 19,0 km

Wir gehen nach links und folgen dem breiten Schotterweg mit besten Aussichten diesmal nach Süden bis zur Gabelung über der Ebene. Dort wenden wir uns nach rechts zum Aussichtsplatz über der Nahe und pilgern dahinter für längere Zeit rechts herum auf gleicher Höhe. Gegenüber einer Bank führen Steinstufen steil nach links hinunter, und wir beginnen unseren Abstieg. Vor der Mauer um den jüdischen Friedhof heißt es, links abzubiegen, und nach der scharfen Rechtskehre geht es unterhalb daran entlang weiter.

*Sehenswürdigkeit Jüdischer Friedhof Bingen*
*1160 wird erstmals jüdische Bevölkerung in Bingen schriftlich erwähnt. Rund 400 Jahre lang mussten die Verstorbenen zur Bestattung nach Mainz gebracht werden, bis die jüdische Gemeinde 1570 den Friedhof am Rochusberg erwerben konnte. Mit seinen etwa 1000 Grabsteinen gehört er zu den größten in Rheinland-Pfalz.*

*Nach links hat man nun beste Aussicht auf Bingen und die Basilika St. Martin.*

Burg Klopp

An der Biegung zwischen Mauer und Zaun wiederum biegen wir scharf links ab und gelangen an eine Straße, der wir rechts abwärts folgen.

Vor der Schule knicken wir links ab und dann nach rechts „In der Eisel". Am Ende der Straße gehen wir ein kurzes Stück links in der „Schlossbergstraße" und biegen gleich wieder rechts in „Am Burggraben". Dort führt uns geradeaus der Fußweg am Burggemäuer der Burg Klopp vorbei. Dahinter nehmen wir die Stufen links hinauf und über dem Spielplatz rechts hinunter. Die Treppen an der Anlage mit den Aussichtsterrassen leiten uns hinunter in die Fußgängerzone von **Bingen**.

Vom „Bürgermeister-Franz-Neff-Platz" biegen wir nach rechts in die Fußgängerzone „Schmittstraße" und gehen dann links in die „Basilikastraße". Auf der linken Seite erwartet uns dort die Basilika Sankt Martin, der letzte Höhepunkt unseres Pilgerweges auf den Spuren des heiligen Martin durch die Bistümer Speyer und Mainz.

*Sehenswürdigkeit Basilika St. Martin Bingen*
*Urkundlich erwähnt wird die Kirche erstmals 793. Die Existenz des Martinsstifts ist für 1006 belegt. Von der Stiftskirche des 11. Jahrhunderts ist heute noch die Krypta mit Kreuzgratgewölbe und tonnengewölbter Reliquienkammer erhalten.*
*Im August 1403 zerstörte ein Brand drei Viertel der Stadt Bingen, auch die Anfang des 13. Jahrhunderts gebaute romanische Martinskirche. Nur der untere*

Am Ziel: Basilika St. Martin in Bingen

*Teil des Südwestturms blieb bis heute erhalten. Schon 1416 wurde zumindest der Chorraum der neuen einschiffigen Martinskirche im gotischen Stil geweiht, die nach und nach Seitenschiffe erhielt. Zu Beginn des 16. Jahrhunderts wurde das nördliche Seitenschiff durch eine doppelschiffige Halle mit Sterngewölbe ersetzt: Dieser Barbarabau diente als Pfarrkirche, die anderen Gebäudeteile waren den Stiftsherren vorbehalten. St. Barbara als Patronin – dargestellt in einer Tonplastik von 1420, wie auch die heilige Katharina – überstrahlte zeitweise den heiligen Martin im Bewusstsein der Bingener. Das Stift wurde 1672 aufgehoben. Seitdem ist St. Martin nur noch Pfarrkirche, erhielt aber 1930 den Ehrentitel einer „basilica minor". 1885 wurde sie von Max Meckel restauriert, der dem Bau einige neugotische Seitenkapellen, die Sakristei und die Maßwerkgalerien an den Türmen hinzugefügt hat. Beim Bombenangriff 1944 stürzte das Gewölbe des Mittelschiffs ein und musste rekonstruiert werden. 2024 wurde erneut mit einer aufwendigen Renovierung von Turm und Dach begonnen.*

*Der Grabstein für den Priester Aetherius aus der zweiten Hälfte des 5. Jahrhunderts ist das älteste Zeugnis einer christlichen Gemeinde in Bingen. Er ist nahe des Eingangs zur Krypta zu sehen. Die älteste Skulptur in der Kirche ist eine thronende Madonna von 1320. Im Barbarabau beeindruckt der große niederländische Flügelaltar (1579 von Antonie Blocklandt von Montfort) mit Szenen aus dem Marienleben. Der monumentale Ziborienaltar von 1768 mit Figuren der vier Evangelisten wurde vom Mainzer Hofbildhauer Peter Heinrich Hencke gefertigt. Die unterhaltsame Seite des Mittelalters zeigt sich in den vielen Charakterköpfen und Masken aus dem 15. Jahrhundert an den Konsolen des Mittel- und südlichen Seitenschiffs: Dargestellt sind einfache und vornehme*

Freidhof: historisches Bingen

Leute, Mönch und Nonne, Engel und Teufel, Äffchen und Naturgeister. Heutzutage sind Reliquien der Ortsheiligen im modernen Zelebrationsaltar (1988) von Elmar Hillebrand eingelassen: Martinus, Bonifatius, Hildegard, Berta und Rupertus. Die Marmorintarsien dieses Altars stellen den Lebensbaum dar. Der heilige Martin zu Pferd mit Bettler ist in einer modernen Holzskulptur (1990) von Theo Heiermann gegenüber dem Turmeingang zu betrachten.

Hinweis: Geht man um die Kirche herum, kommt man linker Hand zum „Freidhof", wo man sich noch ganz gut ein Bild vom historischen Bingen machen kann.

Sehenswertes Bingen mit Drususbrücke

Die Stadt Bingen liegt am Zusammenfluss von Nahe und Rhein. Die keltische Bezeichnung für die Untiefe des Rheins flussabwärts (Binger Loch) gab der Stadt ihren antiken Namen „Bingium". Zu römischer Zeit befand sich hier ein Kastell zum Schutz gegen Übergriffe der Germanen und eine stattliche Römersiedlung. Die Stadt wurde zu einem wichtigen Stützpunkt des Erzstifts Mainz, nachdem Kaiser Otto II. Erzbischof Willigis den Besitz 983 bestätigte. Nachweislich seit dem 13. Jahrhundert führt Bingen den heiligen Martin als Stadtpatron im Wappen. Seit dem späten Mittelalter gehörte Bingen dem Mainzer Domkapitel, und in der Burg Klopp hatte ein Domherr seinen Amtssitz. Die heutige Anlage der Burg, in der die Stadtverwaltung untergebracht ist, hat nur noch wenig originalen Bestand.

Binger Mäuseturm

*Die Drususbrücke wurde Anfang des 11. Jahrhunderts unter Erzbischof Willigis erbaut. Auch wenn sie nach Zerstörungen mehrfach restauriert wurde, gilt sie als die älteste erhaltene Steinbrücke des Mittelalters in Deutschland. Östlich des ersten Brückenpfeilers ist eine frühromanische Kapelle eingebaut (Besichtigung nur an besonderen Terminen). Der Name der Brücke erinnert daran, dass schon der römische Politiker und Heerführer Drusus in der Nähe eine Holzbrücke errichtet hatte.*

*Unweit der Mündung der Nahe in den Rhein steht der Mäuseturm auf der kleinen Mäuseturminsel im Rhein. Seit 2002 ist er Teil des UNESCO-Welterbes Oberes Mittelrheintal und kann im Rahmen von Führungen besichtigt werden.*

*Am Rheinufer liegt das „Historische Museum am Strom". Es ist im ehemaligen Elektrizitätswerk untergebracht und bietet Dauer- und Sonderausstellungen zu Hildegard von Bingen, der Rheinromantik und der Binger Stadtgeschichte (Museumstr. 3).*

Alte Pfarrkirche mit
Ehrenfriedhof in Dietersheim

Wiese an der Nahe mit Blick zurück Richtung Bingen

## FLUSSWECHSEL MIT ÜBERGANG INS BISTUM TRIER

**Nachdem uns der Rhein mehrere Tage begleitet hat, führen die letzten zehn Wegkilometer im Bistum Mainz nun entlang der Nahe nach Süden durch Auwiesen und Auwälder von Bingen bis nach Gensingen. Wir passieren beschauliche kleine Orte mit bis ins frühe Mittelalter zurückreichender Geschichte. Eine steigungslose, entspannte Strecke, die allerdings Achtsamkeit auf Radfahrende erfordert, da der Weg in weiten Teilen dem vielbefahrenen „Radweg Nahe" folgt. Oft jedoch bieten Spazierwege auf den Deichen parallel zum Radweg ruhigere Alternativen.**

Von der Martinsbasilika in Bingen gehen wir hinunter zum Naheradweg und folgen ihm in südlicher Richtung flussaufwärts. Wir passieren rechterhand die Drususbrücke, dann linkerhand die Weinberge des Rochusberges sowie anschließend das Gewerbegebiet von Bingen-Büdesheim mit nachfolgender scharfer östlicher Biegung „Außerhalb Büdesheim". Wieder in südlicher Richtung erreichen wir **Dietersheim** bzw. den Deichweg zwischen Dorf und Fluss. Hier liegt – beschildert – linkerhand direkt am Wegrand die Alte Pfarrkirche St. Gordianus und Epimachus mit ihrem Ehrenfriedhof.

*Sehenswürdigkeit: Alte Pfarrkirche St. Gordianus und Epimachus*
*Die im Grundbestand romanische Kirche, zwei römischen Märtyrern geweiht, wurde um 800 errichtet und im 14./15. Jahrhundert gotisch überbaut. Kriege*

Der Turm der evangelischen Kirche überragt Grolsheim.

Unser Weg führt über diese Treppenbrücke.

*und Hochwasser setzten dem Kirchlein stark zu, bis es 1912 zugunsten einer neuen, monumentalen katholischen Pfarrkirche in der Ortsmitte zunächst aufgegeben wurde. Von Mai bis August 1945 litten bis zu 100.000 deutsche, rumänische und ungarische Kriegsgefangene unter amerikanischer und französischer Bewachung in einem riesigen Lager bei Dietersheim. Einige der 510 hier Verstorbenen wurden später auf dem Friedhof der Alten Pfarrkirche beigesetzt, der Kirchbau wurde restauriert und wieder für Gottesdienste genutzt. In der Sakristei ist eine Gedenkkapelle für die Verstorbenen eingerichtet. An der Wand des Kirchenschiffs erinnern Fotografien an die Wandmalereien eines Passionszyklus von 1420, die sich heute im Landesmuseum Mainz befinden. Andere historische Kunstwerke wurden in die neue Pfarrkirche übertragen.*

Hinter Dietersheim geht es weiter in südlicher Richtung über Wiesen nach **Grolsheim**. Sofern man sich nicht dazu entscheidet, weiter über den Nahedeich zu wandern und dann die Katharinenmühle am südwestlichen Ortsende zu passieren, folgt der Martinusweg dem Radweg durch das beschauliche Grolsheim, überragt vom hübschen Kirchturm (1912) der klassizistischen evangelischen Pfarrkirche in der Ortsmitte. Hinter Grolsheim verlassen die Martinuspilgernden für den letzten Wegkilometer den Radweg, indem sie rechterhand auf einer hölzernen Treppenbrücke den Wiesbach überqueren und dann durch Auenwald und Schrebergärten zwischen Wiesbach und Nahe bis zur Nahebrücke von **Gensingen** wandern. Hier, auf dem Brückendamm, geht es nun nach rechts über die Nahe ins Bistum Trier nach Langenlonsheim und weiter nach Bad Kreuznach – sofern man sich nicht

Glockenturm von St. Martin in Gensingen

Der Übergang: über die Nahe ins Bistum Trier

dazu entscheidet, mit einem Abstecher dem heiligen Martin in Gensingen noch einen letzten Besuch im Bistum Mainz abzustatten.

*Tipp: Bei diesem Abstecher von vier Gehminuten überquert man vom Damm der Nahebrücke nach links nochmals den Wiesbach, dann die Landstraße mithilfe des Radwegtunnels. Dahinter geht man geradeaus nach Osten durch die ersten Häuser der verkehrsberuhigten Altstadt von Gensingen. Nach Überqueren der Straße „Im Gartenfeld" sowie einem kurzen Fußweg bei einem Spielplatz steht man alsbald auf dem Rondell der Kreuzung „Römerstraße/Schulstraße" vor der katholischen Martinskirche.*

*Sehenswürdigkeit St. Martin*

*Vor der katholischen Martinskirche hat man den Blick auf gleich zwei Martinskirchen! Im seit dem frühen Mittelalter nachweisbaren Gensingen wird eine Martinskirche erstmals 1127 erwähnt, in vorreformatorischer Zeit gehörte sie dem Mainzer Domkapitel. Diese Martinskirche wurde seit 1697 fast 300 Jahre lang simultan von Katholiken und Protestanten genutzt, ab 1748 jedoch in einem barocken Neubau an gleicher Stelle, der bis heute mit einer wertvollen Stumm-Orgel von 1779 ausgestattet ist. 1969–71 ließen die Katholiken für sich eine neue Martinskirche errichten, einen ganz modernen polygonalen Bau mit minimalistischem Glockenturm, Faltdecke und Betonglasfenstern im Inneren und dem barocken Hochaltar von den Mainzer Bildhauerbrüdern Hiernle aus der älteren Martinskirche. Außen neben dem Eingang grüßt der heilige Martin die Pilgernden von einem kleinen Relief.*

# ÜBER DIE AUTORIN

Nikola Hollmanns bevorzugtes Arbeitsumfeld ist die Natur: Als Systemische Beraterin, Coachin und Pilgerbegleiterin begleitet sie Menschen im Gehen. „Bewegt im Innen und Außen" lautet ihr Motto und für sie als Theologin ist das Pilgern die beste Art, Naturerfahrung und Gehen zu einer spirituellen Erfahrung zu verbinden. Die ehemalige Chefredakteurin einer überregionalen Zeitschrift hat in den vergangenen Jahren zahlreiche Wander- und Pilgerbücher veröffentlicht, darunter auch den Führer zu dem von ihr entwickelten „Irmengardweg", der 2023 im Pilgerverlag erschienen ist. Nun liegt mit dem „Martinusweg" ihr zweiter Pilgerführer in unserem Verlag gedruckt vor.

In ihren Büchern wie auch in ihren geführten Wanderungen verfolgt sie das Ziel, der Leserschaft und den Teilnehmenden ein achtsames Erleben in der Natur zu ermöglichen, sie dabei sicher zu begleiten und den Blick nicht nur für die Schönheiten der Region zu weiten, sondern auch für die kulturellen und historischen Besonderheiten.

www.nikola-hollmann.de

## *Jüdisches Welterbe entlang des Martinusweges*

Ungefähr zur gleichen Zeit, als Martin geboren wurde, fand die erste urkundliche Erwähnung einer jüdischen Ansiedlung in der deutschsprachigen Region statt, in Colonia Agrippina, wie Köln damals von den Römern genannt wurde.

Einige hundert Jahre später, im 10. Jahrhundert, entstanden die ersten jüdischen Gemeinden entlang unserer Teilstrecke des Martinuswegs Juden aus Italien und Frankreich zogen nach Schpira, Warmaisa und Magenza – die mittelalterlichen hebräischen Städtenamen für Speyer, Worms und Mainz. Die jüdischen Gemeinden in den drei Domstädten entwickelten im 12. Jahrhundert einen Verbund, der bis heute SchUM genannt wird, eine Abkürzung, hergeleitet aus den hebräischen Anfangsbuchstaben der drei Städte:

Schin (Sch) = SchPIRA = Speyer
Waw (U) = Warmaisa = Worms und
Mem (M) = Magenza = Mainz

Durch die enge Verbindung und den regen intellektuellen Austausch wurden die SchUM-Städte zur Wiege des aschkenasischen Judentums, einer neuen jüdischen Kultur nördlich der Alpen. Als wichtige Handelszentren trug der Zusammenschluss zur wirtschaftlichen Blüte der jüdischen Gemeinschaft und auch wesentlich zur Entwicklung der jüdischen Gesetzgebung, der Tora- und Talmudstudien bei. Die Gemeinden waren auf einzigartige Weise durch gemeinsame Gemeindeordnungen verbunden, die 1220 erlassen wurden und als Takkanot Kehillot SchUM bekannt sind.

Viele Schriften der SchUM-Gelehrten und -Dichter aus dieser Epoche sind bis heute Teil der jüdischen Tradition. Zusätzlich hatte der Zusammenschluss der drei oberrheinischen Städte eine herausragende Wirkung auf die jüdische Kulturgeschichte, sie waren Zentren der jüdischen Gelehrsamkeit mit bedeutenden Rabbinern und Gelehrten.

Ab Mitte des 14. Jahrhunderts verloren die SchUM-Gemeinden nach Pogromen und Vertreibungen an überregionaler Bedeutung. Ihr hoher Stellenwert als Erinnerungsorte ist jedoch geblieben.

Auch die UNESCO hat ihre globale Bedeutung für die Geschichte und das kulturelle Erbe der jüdischen Gemeinschaft in Europa anerkannt und sie 2021 als Weltkulturerbe ausgezeichnet. Der Speyerer Judenhof, der Wormser Synagogenkomplex sowie die alten jüdischen Friedhöfe in Worms und Mainz bilden zusammen die sogenannten SchUM-Stätten.

Wer auf dem Pilgerweg „Via Sancti Martini" pilgert und auf die drei Städte mit den sehenswerten Orten jüdischen Lebens trifft, den begleiten nicht nur die drei rheinischen Kaiserdome, zahlreiche christliche Kirchen und Spuren des heiligen Martins, sondern ebenso Welterbe-Stätten des Judentums.

## *Speyer – Kaiserdom und Judenhof*

Die Verbindung christlicher Orte und jüdischer Stätten entlang des Martinuswegs erinnert an das Miteinander der beiden Religionen im mittelalterlichen Speyer. Der Kaiserdom und das jüdische Viertel Judenhof lagen räumlich dicht beieinander

1084 erlaubte Bischof Rüdiger (genannt Huzmann) verfolgten Mainzer und Wormser Juden, sich in der Stadt Speyer anzusiedeln. Er erhoffte sich dadurch wirtschaftliche Vorteile für seine Stadt, die sich in der Zeit des Dombaus vom „Kuhdorf" zur „Metropole Germaniens" entwickelte. Die jüdische Gemeinde erhielt von ihm und von Kaiser Heinrich IV. bedeutende Privilegien und wurde von Bischof Johannes I. vor dem Judenpogrom anlässlich des ersten Kreuzzuges im Jahr 1096 wirksam geschützt. In unmittelbarer Nähe zum Dom entstand der Judenhof, ein jüdisches Viertel mit einer 1104 eingeweihten Synagoge, die von christlichen Arbeitern der Dombauhütte errichtet wurde.

Zwischen 1110 und 1120 wurde ebenfalls unter Beteiligung christlicher Steinmetze das Judenbad erbaut. Das rituelle Bad, auch Mikwe genannt, ist die älteste erhaltene Mikwe Europas. Sie ist in drei Teile gegliedert: das Treppenhaus, welches unter die Erde führt, den Vorraum, der bereits unter der Erde liegt, und den Badeschacht mit dem Becken, der tiefste Punkt der Anlage. Das unterirdische Ritualbad, das seine hohe architektonische und bauliche Qualität bewahren konnte, ist ein gutes Beispiel salischer Baukunst.

Besuchergruppe in Speyerer SchUM-Stätte

Interessanterweise sind verschiedene Bauelemente der jüdischen Kultstätten in ähnlicher Form auch am Kaiserdom zu finden.

1146 beschützten die bischöflichen Stadtherren während des zweiten Kreuzzuges abermals die jüdische Gemeinde. Weiteres Wachstum und Wohlstand ermöglichten 1250 den Bau der Frauensynagoge, im Mittelalter als Frauenschul bezeichnet, die neben der Männersynagoge ihren Platz fand. Die beiden Gebäude waren durch Hörschlitze miteinander verbunden, damit die Frauen im Nachbarraum den Gottesdienst mithören konnten. Jüdinnen wurden dadurch nicht diskriminiert, sondern hatten in den SchUM-Gemeinden insgesamt einen hohen sozialen Status.

In der ersten Hälfte des 14. Jahrhunderts folgte der Bau der Jeschiwa, einer Hochschule, in der sich Studierende vor allem dem Studium von Talmud und Tora widmen konnten. Heute ist sie nicht mehr zu sehen, ihre Fundamente sind im Boden verborgen. Von der Synagoge und der Frauenschul existieren noch hoch aufragende Wände. Diese Überreste gelten heute als ältester aufrecht stehender jüdischer Kultbau des Mittelalters.

Das meist friedliche Neben- und Miteinander von Christen und Juden in Schpira wurde im 14. Jahrhundert durch Pestpogrome beendet. Die Lebensumstände der jüdischen Gemeinde verschlechterten sich stetig, im 15. Jahrhundert sank ihre Wirtschaftskraft immer weiter, und die Stadt verlor das Interesse an der Schutzherrschaft. Im 16. Jahrhundert lebten nur noch vereinzelt Juden in Speyer. Mit der Auflösung der jüdischen Gemeinde endete

Mikwe in Speyer

Blick nach oben

auch die Nutzung des Speyrer Judenfriedhofs. Er verfiel und seine Grabsteine wurden von den Stadtbewohnern als Baumaterial verwendet. Bis heute finden sie sich in den Fundamenten von Häusern und Brücken.

Über den historischen Hintergrund hinaus verbindet heutzutage den Kaiserdom und die SchUM-Stätte Judenhof mit den Ruinen der Synagoge, der

Frauenschul sowie den archäologischen Überresten der Jeschiwa, dem Innenhof und dem noch intakten unterirdischen Ritualbad die Auszeichnung als UNESCO-Welterbe.

## *Worms – 1000 Jahre christlich-jüdische Stadtgeschichte*

Der Domstadt Worms, einst auch „Klein Jerusalem" genannt, kommt eine Besonderheit zu: Wie sonst in kaum einer anderen Stadt in Deutschland blieb hier die jüdische Gemeinde über einen langen Zeitraum bestehen und konnte Gebäude und alte Traditionen bewahren. Erst die Verfolgungen und Deportationen während des Nationalsozialismus beendeten die tausendjährige Geschichte der Juden in Warmaisa.

Symbolisch für dieses lange christlich-jüdische Zusammenleben steht der sogenannte Martin-Buber-Blick, der von einer Stele auf dem jüdischen Friedhof „Heiliger Sand" markiert wird. Von hier geht der Blick über die fast tausend Jahre alten Begräbnissteine zum ebenso alten Wormser Dom und stellt damit eine Verbindung zwischen den jüdischen und christlichen Wurzeln der Stadt dar.

Zum ersten Mal geweiht wurde der Dom 1018, kurz darauf 1034 die erste Synagoge. Beide Gebäude mussten im darauffolgenden Jahrhundert ersetzt werden. Der Dom stürzte zum Teil ein, wurde abgerissen und auf dem alten Fundament neu errichtet. Die Synagoge fand nach ihrer Zerstörung durch die Kreuzzugpogrome in unmittelbarer Nähe einen neuen Standort und wurde 1174/75 im romanischen Stil der Wormser Dombauhütte gebaut, was dazu führte, dass die Bauornamentik am Portal und an den Säulenkapitellen im Innenraum den Formen am Dom ähnelten.

*Anbau des vormaligen Frauenbethauses der Synagoge Worms*

Zehn Jahre später wurde unweit der Synagoge ein unterirdisches Ritualbad nach Vorbild der Speyrer Mikwe angelegt. Eine Frauenschul erweiterte die Synagoge ab 1212/13 und ist damit das erste bekannte und überlieferte Bauwerk dieser Art. Der Anbau einer Jeschiwa, die dem religiösen Studium diente, erfolgte erst in den Jahren 1623/24. Sie wurde zu Ehren des auch „Raschi" genannten Rabbiners Schlomo ben Jizchak, der im 11. Jahrhundert in den Talmudschulen von Worms und Mainz studierte, Raschi-Kapelle genannt. Seine Auslegungen der jüdischen religiösen Texte sind bis heute relevant und seine Kommentare finden sich in nahezu jeder gedruckten hebräischen Bibel. Dieses Gebäude symbolisiert somit weiterhin seine Bedeutung als Lehrer und den Geist seiner Lehren.

Es ist davon auszugehen, dass zu Zeiten Raschis Kontakte zwischen der aufstrebenden jüdischen Hochschule und der namhaften Domschule bestanden. Der Rabbiner besaß Kenntnisse der lateinischen Sprache sowie der christlichen Bibelexegese. Seine Texte wurden von vielen christlichen Gelehrten des Mittelalters studiert und hatten wiederum Einfluss auf ihre Arbeiten. Zudem befasste sich Raschi mit den sozialen und wirtschaftlichen Beziehungen von Christen und Juden.

Von herausragender Bedeutung ist der Wormser Friedhof „Heiliger Sand", der älteste jüdische Friedhof Europas. An die 2500 Grabsteine stehen hier, manche schon seit dem 11. Jahrhundert. Die jüngsten stammen aus den 1930er Jahren. Auffallend ist, dass die Gräber nicht wie üblich nach Osten Richtung Jerusalem angeordnet sind, sondern nach Süden zeigen. Der

Jüdischer Friedhof „Heiliger Sand" in Worms

Eingang zur Mikwe in Worms

Grund ist unklar. Einer Legende nach zeigen sie in Richtung der Heimat der ersten jüdischen Bewohner von Worms, nach Italien.

Auch zum Ursprung des Namens „Heiliger Sand" gibt es eine Legende: Wohlhabende jüdische Gläubige sollen sich den Sand aus Jerusalem herbeigeholt haben, um zumindest indirekt im Boden der heiligen Stadt beerdigt werden zu können. Wahrscheinlicher ist jedoch, dass der Bischof den Juden das Gelände überließ, das zuvor als Sandgrube vermutlich für den Bau von Kirchen und Stadtmauer diente.

Der „Heilige Sand" befand sich außerhalb der mittelalterlichen Stadtmauer, während der Synagogenkomplex, der mehrfach zerstört und immer wieder aufgebaut wurde, im jüdischen Viertel der Altstadt lag, zwischen der Judenpforte im Osten und der Martinspforte im Westen. Letztere erhielt ihren Namen von der nahe gelegenen, mehr als 1000 Jahre alten Martinskirche. Der Überlieferung nach steht die Kirche an der Stelle des Kerkers, in den Martinus wegen seiner Kriegsdienstverweigerung geworfen wurde. So scheint es vorbestimmt, dass unser Weg auf der „Via Sancti Martini" an diesen eindrucksvollen SchUM-Stätten vorbeiläuft und wir damit heute noch christliche und jüdische Geschichte miteinander verbinden.

## *Mainz – Entdeckung verborgenen Erbes*

Siebenmal hatte der Dom zu Mainz im Laufe der Jahrhunderte gebrannt, erstmals am Weihedatum des 29./30. August 1009. Nach jeder Zerstörung wurde das unter dem Patronat des heiligen Martinus stehende Gotteshaus wieder erneuert. Die Architektur ist durch etliche Umbauten und Erweiterungen geprägt. Der Mainzer Dom ist nach dem Dom zu Speyer und vor dem Wormser Dom der älteste monumentale Gewölbebau Deutschlands. Doch er war nicht die erste Bischofskirche in Mainz. Durch Zufall ist bei Sanierungsmaßnahmen der Johanniskirche Verborgenes entdeckt worden: Die evangelische Kirche ist der Vorgängerbau des katholischen Doms und damit die älteste Kirche in Mainz. Sie zählt neben den Kathedralen von Trier und Köln zu den ältesten Bischofskirchen nördlich der Alpen. Stilistische Untersuchungen datieren St. Johannis in das 9. bis 10. Jahrhundert, und um 1000 war die Kirche noch dem heiligen Martin geweiht. Das Martins-Patrozinium ging dann später auf den neuen Dom über.

Entdeckungen jüdischen Erbes gibt es in Mainz ebenfalls: Seit 1860 kommen bei Bauarbeiten immer wieder historisch wichtige Grabsteine ans Tageslicht. Von den Ritualbauten aus der Zeit des SchUM-Verbundes ist heutzutage allerdings nichts mehr zu sehen. In Mainz erlebten Juden im Mittelalter Zeiten hoher geistiger und kultureller Blüte, aber über die Jahrhunderte hinweg auch Phasen der Verfolgung, Vertreibung und Vernichtung, bis ins 20. Jahrhundert.

Zu Beginn ihrer Ansiedlung lebten Juden und Christen zusammen in unmittelbarer Nachbarschaft. Die Kapelle St. Maria am „Flachsmarkt" erhielt sogar den

Denkmalfriedhof: historischer jüdischer Friedhof „Judensand" von Mainz, oberer (älterer) Teil

Beinamen „Inter Judeos" (inmitten der Juden). Im späten 10. Jahrhundert war Mainz ein Zentrum für jüdische Kultur und Gelehrsamkeit. Lange vor christlichen Universitäten gab es in der Domstadt eine Jeschiwa, in der das Studium von Bibel und Talmud ein bis dahin in Europa unerreichtes Niveau erlangte. Der aus Mainz stammende Rabbi Gerschom ben Jehuda war der einflussreichste Talmudlehrer des aschkenasischen Judentums. Er trug mit seinen Lehren zur Entwicklung der jüdischen Gesetzgebung und Kultur bei und wurde später als „Licht der Diaspora" bekannt. Auf ihn gehen das Briefgeheimnis, das Verbot der Vielehe und eine Scheidungsrecht-Reform zurück.

Die jüdische Gemeinschaft spielte eine Schlüsselrolle im wirtschaftlichen Gefüge der Stadt, die ihr eine gewisse Unabhängigkeit verlieh. Gleichzeitig waren ihre Mitglieder oft Unterdrückung und Gewalt ausgesetzt. Der erste Kreuzzug 1096 hatte den Tod von mehr als 1.000 Mainzer Juden zur Folge. Der damalige Erzbischof Ruthard war seiner Schutzverpflichtung nicht nachgekommen und hatte sich am Vermögen der ermordeten und geflohenen Juden bereichert.

So wie der Dom immer neu aufgebaut wurde, konnte sich die jüdische Gemeinde mehrfach wiederbeleben. 1220 fand hier die berühmte Rabbinerversammlung statt, in der die Takkanot Kehillot SchUM beschlossen wurden. Im selben Jahrhundert erlebten die Mainzer Juden jedoch erneut Verfolgung und Vertreibung: Gemischtes Wohnen wurde 1310 verboten, die Synagoge 1471 nach Ausweisung aller Juden in eine christliche Kapelle umgewandelt und der jüdische Grundbesitz vom Staat beschlagnahmt. Die Neuzeit war ebenso geprägt von Wiedergründungen der jüdischen Gemeinde, Leben unter strengen

Neue Synagoge Mainz

Grabstein des Jakob ben Jakar, gestorben 1064, Mainz

Restriktionen und in räumlicher Beschränkung, Neubau von Synagogen und letztendlich Vernichtung ihrer Ritualbauten und Untergang der Gemeinde in der NS-Zeit. Aufgrund dessen sind in Mainz weder vom frühneuzeitlichen jüdischen Viertel noch vom mittelalterlichen Ghetto steinerne Zeugnisse sichtbar.

Umso bedeutender sind die wiederentdeckten Grabsteine des im 15. Jahrhundert zerstörten Friedhofs „Judensand". Die mittelalterlichen Grabmale dienten in den folgenden Jahrhunderten als Baumaterial. Das ganze Friedhofsgelände wurde abgetragen und umgepflügt sowie teilweise als Weinberg genutzt. Erst im 17. Jahrhundert wurde der „Judensand" erneut als Friedhof genutzt. Seit dem 19. Jahrhundert werden bei Abbruch- und Erdarbeiten immer wieder jüdische Begräbnissteine freigelegt, darunter auch der älteste jüdische Grabstein Mitteleuropas aus dem Jahr 1049. Selbst in jüngster Zeit wurden in der Mainzer Altstadt weitere 18 jüdische Grabsteine gefunden, die als Füllmaterial in einer Mauer verbaut waren.

1926 legten Dr. Sali Levi und Prof. Dr. Siegmund Salfeld einen Denkmalfriedhof für die geborgenen Grabmale an, mit inzwischen rund 200 Gedenksteinen aus der Zeit von 1049–1421. Dieser Denkmalfriedhof ist einzigartig. Zusammen mit dem verbliebenen Teil des „Judensandes", auf dem sich heute Grabsteine aus der Zeit von 1700 bis 1880 befinden, als der Friedhof endgültig geschlossen wurde, bildet er ein weiteres zentrales Monument des UNESCO-Welterbes SchUM-Stätten.

# ORTSINDEX


**A**

Alsheim ... 92
Asselheim ... 64

**B**

Bad Dürkheim ... 47
Battenberg ... 54
Bechtheim ... 87
Bingen ... 146
Bingen-Kempten ... 142
Bobenheim am Berg ... 54
Bockenheim an der Weinstraße .. 65
Bodenheim ... 109

**D**

Deidesheim ... 45
Diedesfeld ... 38
Dienheim ... 96
Dietersheim ... 151
Dudenhofen ... 25

**F**

Forst ... 46

**G**

Gau-Algesheim ... 137
Gensingen ... 152
Gimmeldingen ... 43
Gonsenheim ... 124
Grolsheim ... 152
Grünstadt ... 58
Guntersblum ... 94

**H**

Haardt ... 42
Hambach ... 37
Hangen-Wahlheim ... 94
Heidesheim ... 129
Hohen-Sülzen ... 67

**I**

Ingelheim am Rhein ... 131

**K**

Königsbach ... 44

**L**
Leistadt 53
Ludwigshöhe 96

**M**
Mainz 114
Mainz-Gonsenheim 125
Mainz-Laubenheim 112
Mettenheim 89

**N**
Nackenheim 107
Neuleiningen 54
Neustadt an der Weinstraße 31
Nierstein 103

**O**
Ober-Ingelheim 131
Ockenheim. 141
Offstein 68
Oppenheim 96, 97
Osthofen 85

**S**
Sankt Martin 38
Speyer 22
Speyerdorf 30

**U**
Ungstein 52

**W**
Wachenheim 46
Weisenheim am Berg 54
Worms 73
Worms-Heppenheim 72
Worms-Herrnsheim 82
Worms-Horchheim 73
Worms-Weinsheim 73
Worms-Wiesoppenheim 73

# IMPRESSUM

Bibliografische Informationen der Deutschen Bibliothek:

Die Deutsche Bibliothek verzeichnet diese Publikation in der Deutschen Nationalbibliografie: Detaillierte bibliografische Daten sind im Internet über https://www.dnb.de abrufbar.

Etappen- und Wegbeschreibung sowie Fotos: Nikola Hollmann
Zusatztexte, Sehenswertes im Bistum Speyer und Lektorat: Patricia Brandtstädter

Die Wegbeschreibung der beiden Etappen von Speyer über Dudenhofen nach Neustadt an der Weinstraße wurde auf Grundlage des Pilgerführers „Pfälzer Jakobswege - Von Speyer bis Kloster Hornbach" von Beate Steger erstellt.

1. Auflage 2024

ISBN: 978-3-946777-33-5

Druck:
Englram Print
**www.englram.de**

Verlag und Gesamtherstellung:
Peregrinus GmbH,
Pilgerverlag, Speyer,
www.pilgerverlag.de

# BILDQUELLEN

**Bildquellenverzeichnis**

Cover: oben: Mikalai/Adobestock.com; unten links: Barbara Nichtweiß (Bistum Mainz); unten rechts: oxie99/Adobestock.com; Rückseite: Nikola Hollmann

Seite 3: Bistum Speyer/Markus Herr (links), Bistum Mainz/Hoffmann (rechts); Seite 5: Karin Wicker; Seite 13: Erik Paul; Seite 24: Beate Steger; Seite 25 (links): Norbert Rönn; Seiten 26, Seite 28, 39 (links): Hubert Mathes; Seite 160: Dominik Ketz/Pfalz Touristik e.V.; Seite 161: Peregrinus/Pilgerverlag

**Bilder von Adobestock.com**
Seite 20: VRD/TW; Seite 22: Sina Ettmer; Seite 23: EKH-Pictures; Seite 25 (rechts): praeceptorartium; Seite 27: Hans-Jürgen Lange; Seite 30: fotografci; Seite 31: modernmovie; Seite 32: Ilhan Balta; Seite 33: mojolo; Seite 59: Lapping Pictures; Seite 119: Rainerle; Seite 158: pixs:sell; Seite 162: Tobias Arhelger

**Bilder von Barbara Nichtweiß (Bistum Mainz)**
Seiten: 8, 10, 15, 19, 77, 78, 80, 82, 83, 84 (rechts), 85, 87, 88, 89, 92 (rechts), 93 (links), 115, 116, 117, 118, 122, 123, 137, 138 (links), 139, 141 (links), 142, 144, 146, 147, 148, 149, 150, 151, 152, 153, 166

**Bilder Wikipedia**
Seite 55: Alterna levatur; Seite 60: Joachim Sprecht; Seite 61: Immanuel Giel; Seite 164: Willy Horsch; Seite 165: Dietrich Krieger (links); Immanuel Giel (rechts); Seite 168: Thomas Pusch; Seite 169: Mdhz (links), Vischroni (rechts)

Alle sonstigen Fotos: Nikola Hollmann

## Auszug aus unserem

# Pilgerbuchprogramm

**Pfälzer Jakobswege**
Von Speyer bis Kloster Hornbach

Auf drei Strecken die Vielfalt der Pfalz und des Pfälzerwalds entdecken: hübsche Dörfer, Kirchen, urige Hütten, Burgen, Weinberge, Wald und Wasser. Informativer Pilgerführer, mit detaillierter Wegbeschreibung, auch für Ungeübte.

GPS

Autorin: Beate Steger
viele Fotos, Karten und Hinweise zu Sehenswürdigkeiten, 264 Seiten, Softcover
ISBN 978-3-946777-15-1
**14,95 €**

**Jakobsweg Klosterroute**
Von Worms nach Metz

Pilgern auf historischen Spuren entlang alter Handelsstraßen und ehemaliger Klöster, auf 350 Kilometern durch abwechslungsreiche Regionen. Mit detaillierter Wegbeschreibung – auch für Radfahrende – und zahlreichen Tipps zu Sehenswürdigkeiten.

GPS

Autorin: Beate Steger
zahlreiche Fotos, Karten und Service-Infos, 240 Seiten, Softcover
ISBN 978-3-946777-21-2
**16,95 €**

# DER DOM ZU SPEYER

## GEBAUT FÜR GOTT UND KAISER

**Anschauen – verstehen – begreifen**

Begleiten Sie Peter Schappert auf seinem Weg durch den romanischen Kaiserdom. Anschaulich bebildert mit hochwertigen Architekturfotos stellt er die Baugeschichte im geschichtlichen Zusammenhang dar und zeigt das Zusammenspiel von Religion und Architektur. Mit den historischen, kirchen- und kunstgeschichtlichen Informationen ergibt sich ein stimmiges Gesamtbild und der Dom wird in seiner ganzen Größe und Bedeutung begreifbar.

Autor: Peter Schappert
Zweisprachig, deutsch/englisch
128 Seiten, Klappenbroschur, 1. Auflage 2024
ISBN 978-3-946777-32-8

28,95 €

pilger verlag

**Im Buchhandel oder bestellen (zzgl. Versandkosten) unter:**
**Tel: 06232 31830 · info@pilgerverlag.de · www.pilgerverlag.de**